新版

外国人労働者・受け入れを問う

宮島 喬、鈴木江理子

岩波ブックレット No. 1010

はじめに

安倍内閣(第二次以降)は、かねて「外国人材の活用」を成長戦略として重視し、その方途を検討してきました。しかし当面の労働力不足、東日本大震災の復興需要、東京五輪のための建設需要などへの対応策を取るにとどまり、根本的議論は先送りしてきました。

ここで日本社会の構造の変化と日本を取り巻く環境の変化を直視しましょう。

日本の総人口は二〇一〇年以降減少を続け、それに輪をかけて生産年齢人口(一五―六四歳人口)は急速に減少し、二〇一〇年の約八一〇三万人が二〇二五年には約七一七〇万人と、一二%も減ると見込まれます。少子化には種々の対策が講じられていますが、容易に事態が改善されると思われません。他方、人口の高齢化は先進国中でも一、二のペースで進み、戦後生まれのいわゆる「団塊の世代」が後期高齢者に達する二〇二五年には、この七五歳以上人口が総人口の一八%になる見通しです。日本がもはや高成長ではなく持続可能な経済活動を目指すとしても、今後の労働力需給の逼迫《ひっぱく》は明らかですし、人口高齢化はそれ固有の新たな労働力需要、すなわち医療、福祉、介護などに関わる労働力への切実な要求を生み出します。外国人労働者を迎え入れ、日本の経済、社会を支える力になってもらう必要が一段と強まっています。

そして、政府は二〇一八年、「経済財政運営と改革の基本方針二〇一八」(いわゆる骨太方針二〇一八)などに拠りながら、「出入国管理及び難民認定法」(以下「入管法」)の一部改定を伴う新たな外国人受け入れの政策を打ち出し、その実施が二〇一九年四月から始まっています。これは今後の日本の外国人労働者の受け入れのあり方を決めるものと思われ、この政策を踏まえながら、あらためて外国人労働者をどのように受け入れ、彼／彼女らと共生していくかを問いたいと思います。

サイドドアを開く――これまでの外国人労働者受け入れ

二〇一八年末現在、在留外国人は約二七三万人、雇用に就いている外国人は約一四六万人で（「外国人雇用状況の届出」〔厚生労働省。以下「厚労省」〕による）、その数は年々増加してきました。この届出は全事業所に義務づけられていますが、届出率は必ずしも十分ではなく、また「特別永住者」と自営業に就く外国人は届出の対象外とされていますから、もしそれらも含めると、就労外国人は二〇〇万人に近付くかもしれません（ただし同一外国人の重複届出があるかもしれない）。

歴史を振り返ると、日本には二〇世紀初頭以来、植民地化した朝鮮半島から移住労働者がやってきて、多いときには（戦時下の徴用労働者も加わり）その家族も含め二〇〇万人を超えます。戦後もコリアンは六〇万人を超える規模で残留し、日本経済の一角を支えました。ただし、これら移住労働者の地位や待遇は、日本人労働者に従属するものでした。この旧植民地出身で日本に定住した人々（**コラム「在日コリアン」**参照）に対し、一九八〇年代以降に増えてくる外国人は「ニューカマー」と呼ばれますが、どんな理由、背景の下に受け入れが進んだのでしょうか。

かねて進んでいた社会、経済、人口構造の変化により、製造業分野を中心に労働力不足が昂じていて、自動車、電機、造船、建設などがそうでした。また、プラザ合意（一九八五年）以降、日本の円高は急速に進み、アジアおよび南米諸国との経済格差が大きくなっていたという背景があり、これらの国から来日して働くことに経済的なメリットがありました。

一九八九年の入管法改定により、日本は外国人労働者受け入れ国になりますが、その際、専門的能力や技術を持つ外国人を積極的に受け入れることとし、「単純労働者」(その定義を政府はしませんでした)は受け入れない、とします。しかし、それでは産業界が訴えていた労働者確保の課題に応えていないかに見えました。政府は、「単純労働者は不可」としながら、日系外国人を、就労に制限のない資格で優遇的に受け入れることを決めます。こうして日系ブラジル人やペルー人が自動車や電機の部品工場や組み立て工場で働き始めます。また。一九九三年には、外国人技能実習制度が設けられ、九七年には研修と合わせて最長滞在期間が三年間に延長され、「技能移転」を目的に、期限付きで実質就労するようになります。こうして「不可」と表のドアに記しながら、脇のドアからはこれらの労働者を受け入れるという、いわば二重基準がとられるのです。

その日系人の多くは、派遣・請負業者の支配下にあり、企業では間接雇用の形で働き、その分賃金は削られ、長時間就労によりこれを補わなければなりませんでした。他方、外国人技能実習生は、技能の修得もそこそこに、企業の人手不足対応のため就労させられることが多く、最低賃金を割り込むことも少なくなく、加えて「技能実習」が本旨だからとして、受け入れ企業を変える(転職する)ことも認められませんでした。

二〇〇八年のリーマンショック後の不景気のなか、労働力の調整弁よろしく解雇される日系人が続出し、帰国した者も多く、その後景気が持ち直しても、日本に戻ってくる者は増えません。

技能実習生については、低賃金、賃金不払いの事案が多く、移動も認められず、人権が侵害されているのではないか、と国際社会からの批判も絶えません。

「特定技能」労働者を迎える――フロントドアからの受け入れへ？

右のような外国人労働者の受け入れを続けていてよいものでしょうか。彼／彼女らの労働者としての権利、人権が保障されず、日本人労働者との間に不平等があることがまず問題です。日本で働こうという外国人に意欲を持って継続的に働いてもらい、企業の有効な戦力になってもらうのに、そのような扱いはすべきではないでしょう。

二〇一八年一二月の入管法改定で新たにスタートした「特定技能」資格の外国人労働者の受け入れは、そうした道を開くでしょうか。この制度が一定の技能をそなえた労働者を、労働者として受け入れるとしていることは評価されるでしょう。同じ労働に携わる日本人と同等待遇とすることが定められ、入職後、中途で雇用主を変えることも禁じられてはいません。では、どんな考え方と仕組みに担保された受け入れになるのでしょうか。関連して、問題の多い技能実習制度は廃止されるのでしょうか。そうあるべきだと思いますが、これも問わなければなりません。

少子高齢化と外国人労働者

先にも触れましたが、日本では少子化、生産年齢人口の減少と老年（六五歳以上）人口の増加がペアで進んでおり、問題になりつつあります。それは医療、看護、介護などに携わる労働への需要がいっそう増していくのに、それを担う人々が確保されるのか、という問題です。ある推計では、二〇二五年度までに日本の後期高齢者（七五歳以上）の増加に対応して、五五万人の介護従事者がさらに必要と言われますが、生産年齢人口が縮小していく国でこれをカバーするのは困難です。

とすれば、持続可能なケア福祉社会をつくるため、外国人の援けを借りなければならなくなるでしょう。では何が重要でしょうか。看護にしろ介護にしろ、訓練を受け、資格を持つ人々を迎えたいわけですから、単に在留資格を設けるだけでなく（「介護」という在留資格が二〇一七年に新設されました）、受け入れの計画を立て、日本の側の責任と負担により訓練、教育をしっかり行えるようにすることが大事でしょう。他の分野での労働者受け入れ以上に、理解とサポートのある職場、人間関係が求められると思います。

「人」として、「住民」として迎える

労働者の受け入れを論じるとき、とかくこれを「労働力」とのみ捉えがちですが、抽象的な「労働力」などは存在しません。彼／彼女らは生きた人間としてさまざまな特性やニーズを持ち、固有の文化を負い家族を持った存在で、労働者であるとともに地域の住民や市民にもなっています。彼／彼女らには住み得る住宅が用意され、医療に不安のない、日本語を学ぶ場が保障され、世代的再生産（保育、教育）も可能な、そして文化やアイデンティティの権利も認められる環境がなければなりません。

二〇一八年の入管法改定による「特定技能」労働者の受け入れでは、「外国人材の受入れ・共生のための総合的対応策」が、今後の検討課題として発表されました。さらに、翌二〇一九年六月には総合的対応策の充実に向けた施策も決定されました。その中身は具体化されていませんが、注目されます。

また、特に、女性移住者への配慮、彼女らを受け入れる環境づくりは必要です。今後の趨勢《すうせい》として、看護、介護などのケア労働の担い手として、外国人労働者における女性の比重が高まるのは間違いないでしょう。そして女性たちが移住労働のコースに入る場合、弱い立場に置かれ、不本意な条件で働かされ、賃金不払いなど搾取を受けやすく、また性的ハラスメントにも遭いがちです。キーワードは「人権」です。人権を守るという視点からの監視や勧告が重要です。この観点からも、外国人労働者の受け入れのあり方を問うことになります。

本書は、その初版（二〇一四年）以来、二〇一九年八月までの間に起こった状況と課題の変化を検討し、それらを踏まえて大幅な加筆・修正をし、「新版」として公刊するものです。内容のプランは二筆者が共同で作成し、その上で宮島が「はじめに」、第四章、第五章を、鈴木が第一章、第二章、第三章を執筆しました。コラムは、「在日コリアン」「ヘイトスピーチ解消法と解消されない差別」「国籍問題」「難民」は宮島、「日系南米人受け入れは何だったのか?」「移住女性の再生産活動の尊重を」「社会保障ただ乗り「問題」を問う」は鈴木が執筆しました。

コラム　在日コリアン　日本の植民地統治の下で朝鮮半島から移住してきた朝鮮人およびその子孫で、現在韓国籍または朝鮮籍の人々。彼／彼女らは一九四五年八月一五日以降も日本国籍の下にありましたが、一九五二年、サンフランシスコ講和条約発効を機に、日本政府の決定により、日本国籍を喪失しました。以後、韓国人となる者、そうでない者に分かれ、後者は「朝鮮」籍となりますが、この「朝鮮」は登録上のもので、朝鮮民主主義人民共和国の公民を意味しません。このように一斉に「外国人」とされ、国民として持っていた多くの権利を失い、生活は困難を極めましたが、日韓条約に基づく「法的地位協定」(一九六五年)で、日本での永住資格が認められ、これは朝鮮籍の人々にも広げられます(現在の「特別永住者」)。一九八〇年代には、主な社会保障法での国籍条項が撤廃されますが、一九九〇年代に韓国系の人々が求め、運動を展開した地方参政権は認められず、公務員になるにも他の外国人同様、制限が課されています。人口は戦後六〇万人台でしたが、近年は帰化、少子化、日本人との結婚による子どもの日本国籍取得により減少し、特別永住者は三二万人余(二〇一八年末)となっています。

在日コリアンは言語能力、教育レベル、生活経験等で日本人と変わらず、しかし差別の対象とされ、ことに日本の大企業への就職は少なく、自営業(飲食店など)か、地場産業的なゴム加工、プラスチック製品製造などの業主や労働者となってきました。ある日本企業の在日青年の採用内定取り消しとその後の裁判(日立就職差別裁判)での勝訴(一九七四年六月)をきっかけに、公然たる就職差別は減りましたが、日本企業が彼／彼女らに開かれているとは言えず、また教員を含む公務員職でも採用や任用に制限を設けています。今では日本生まれが圧倒的多数となり、外国人在留管理制度では一般外国人よりも緩やかな扱いを受けるようになりました。しかし市民としての権利の差は残されており、国際的にも批判と差別撤廃を求める声があります。

第1章　外国人労働者はどう受け入れられているか

日本が、外国人労働者受け入れ国へと転換するのは一九八〇年代後半のバブル期です。一九八七年、入管白書とも言うべき『昭和六一年度版　出入国管理』では、今後の課題として「外国人労働者の入国問題」が取り上げられ、以後、出入国管理行政の中心課題となっていきます。

なお、これ以前にも、旧植民地出身者やその子孫が、敗戦によって解放されたにもかかわらず、厳しい差別と偏見のなかで働いていました。さらに、一九七〇年代以降に来日する中国残留邦人とその家族やインドシナ難民も労働者として働いていましたが、本章では、政府が受け入れ国と自己規定する一九八〇年代後半以降の外国人労働者受け入れを考察します。

日本社会を支える外国人「単純労働者」

一九八〇年代後半、バブル景気の労働力不足という日本側のプル要因に加えて、円高による周辺アジア諸国との経済格差の拡大などのプッシュ要因が重なったことで、受け入れ議論や政策に先行して、生産現場や建設現場などで働く外国人労働者が増加しました。当時、そのほとんどが合法的な就労資格を持たない外国人（「不法」就労者）でした。

このような現実に直面して、政府内や経済団体、メディア等で外国人労働者受け入れの是非が討議された結果、専門的・技術的労働者は受け入れ、いわゆる「単純労働者」は受け入れないとする方針が閣議決定され（「第六次雇用対策基本計画」一九八八年六月）、一九八九年一二月に入管法が改定されました（翌一九九〇年六月施行）。入管政策における「九〇年体制」の構築です。

「単純労働」という職業分類はありませんが、多くの外国人労働者が働いていた工場などでの労働は、入管法上「単純労働」に分類され、フロントドアから労働者を受け入れることができなくなりました。けれども、実際には、外国人労働者に頼らざるをえない雇用主も多数います。

そのような雇用主の需要を満たすために、日本人との家族的つながり（日系人）や、途上国への技能等の移転を通じた「国際貢献」（研修生・技能実習生）といった名目で、「単純労働者」の供給経路となるサイドドアが導入・拡大されていきます。加えて、留学生三〇万人計画（二〇〇八年七月）や定員割れに悩む大学等の思惑にも後押しされて急増している留学生（原則週二八時間以内のアルバイトが可能）も、「単純労働」の分野で働き、日本社会を支えています。

二〇一八年一〇月末の「外国人雇用状況の届出」（ニューカマーの雇用者のみ）を見ても、総数一四六万四六三人のうちフロントドアからの外国人労働者である専門的・技術的労働者は一九・〇%に過ぎず、日系人などの身分または地位に基づく在留資格を持つ外国人（三三・九%）、技能実習生（二一・一%）、留学生（二〇・四%）など、サイドドアからの外国人労働者が多数を占めています。

また、二〇〇三年一二月に策定された半減計画を契機に摘発が強化され、非正規滞在者数は大幅に減少しましたが（二〇一九年：八万人弱）、一九九〇年代には三〇万人にも達していました。サイドドアからの労働力供給がまだ十分ではなかった時代、労働力としての「有用性」が評価され、貴重な「単純労働者」として、彼／彼女らの存在は一定程度黙認・放置されていたのです。

生産需給の変動に翻弄される日系南米人労働者

八九年改定入管法で、就労に制限のない在留資格「定住者」が創設され、施行直前の告示（一九九〇年五月）で、日系三世（とその配偶者、および未婚未成年の子）に対して、在留資格「定住者」が付与されることになりました。

これをきっかけとして、ブラジルをはじめとする南米からの「出稼ぎ」外国人が急増しました。かつての日本人移民の子孫たちです。八九年改定入管法が日本社会にもたらした最大の変化は、日系南米人の急増であったと言っても過言ではありません。

その背景には、彼／彼女らの労働力を求める日本側の需要と、送り出し国側の政治的経済的な事情と、両者をつなぐ斡旋《あっせん》業者の存在がありました。その結果、日系南米人の多くは、愛知県豊田市・豊橋市、静岡県浜松市、群馬県太田市・大泉町といった自動車や電気機器などの製造業が集積する特定地域に集住することになりました。二〇一五年の国勢調査によれば、ブラジル人の六四・五％が製造業に従事しており、日本人の一六・〇％に比べてきわめて高くなっています。さらに、前掲の「外国人雇用状況の届出」を見ると、ブラジル人の五六・〇％が派遣や業務請負などの間接雇用で働いています（外国人全体では二一・二％、日本全体では三％弱程度）。「労働者」としての受け入れではないという建前ゆえに、技能形成の機会に恵まれることなく就労している日系人が多数います。

日本での長期滞在のなかで、技能等を習得したり資格を取得するなど、直接雇用の安定的な地位を得ている日系南米人も現れ始めていますが、今なお、斡旋業者やエスニック・ネットワークを頼って就職先や住居を見つけ、仕事の場でも生活の場でも同国人に囲まれ、母語で暮らし、日本社会とのつながりをほとんど持たない日系南米人も少なくありません（梶田ほか二〇〇五）。

二〇〇八年秋のリーマンショックによる景気停滞で、間接雇用で働く多くの日系南米人が職を失い、時に（派遣会社等によって提供されていたことから）住居すら失いました。生産需給の変動に応じた調整弁的な労働力として扱われていたがゆえに、好景気時には高収入が得られたとしても、結局のところ、不安定雇用にすぎないことが露呈したのです。生活保護を申請せざるをえない者もいました。二〇〇九年四月から一年間、国による帰国支援事業（離職者一人に対して三〇万円、扶養家族一人につき二〇万円）が実施されましたが、当分の間、同様の身分に基づく在留資格による再入国禁止という条件は、まさに「使い捨て」ではないでしょうか。

これらの経験は、サイドドアを通した無制限な受け入れの問題点を改めて浮き彫りにするとともに、日本語能力の不足が不況時の失業リスクを高めるという反省から、日本語学習機会を公的に提供することの重要性が議論されるきっかけにもなりました。

「国際貢献」を建前とした安価で都合のよい労働者の調達

一九六〇年代後半、経済の国際化に伴い海外進出した日本企業は、現地法人や関連企業の外国人社員を日本に受け入れて技術研修を行うようになりました。これが「研修生」の始まりです。

一九八九年の入管法改定に際して「研修」という独立した在留資格が創設されましたが、入管法上、研修制度は日本の優れた技能等を途上国に移転する「国際貢献」であり、研修生は「学ぶ者」であって「労働者」ではありません。

しかしながら、受け入れ側のニーズ、国際的な企業競争の激化などを背景に、制度の実態は、次第に本来の目的から乖離《かいり》していきます。一九九〇年六月の改定入管法施行時には、派遣機関が日本企業の現地法人や合弁会社などに限られ、受け入れ人数も従業員二〇人に一人と制限されていました。けれども、人手不足に窮する中小企業からの要望に応える形で、施行後すぐの告示（一九九〇年八月）により、従来の「企業単独型」に加えて、事業協同組合等を通じて受け入れる「団体監理型」方式が導入され、中小企業でも研修生を受け入れることが可能となりました。これが、後述する技能実習生受け入れ拡大の契機になったとも言えます。二〇一八年末現在、技能実習生の九七・二％を団体監理型が占めています。

そして、一九九三年には、一年間の研修修了後に、研修を行った同じ機関において「労働者」として技能実習を行う制度が創設されました（在留資格「特定活動」）。さらに、非実務研修の短縮、受け入れ機関要件の緩和、実習期間の延長、技能実習移行対象職種の追加などの改定が、法律ではなく告示などの形で重ねられていきます。早くからＮＰＯや研究者が制度の問題点を指摘していたにもかかわらず、雇用主にとって使い勝手のよい制度へと改編され続けたのです。

二〇〇〇年代に入って、研修生の新規入国者数や技能実習への移行申請者数が急増し、違法な残業や賃金未払い、強制貯金やパスポートの取り上げ、不正行為隠蔽《いんぺい》のための強制帰国などの実態が、メディアなどでも取り上げられ、制度の見直しが国会でも議論されるようになりました。

その結果、二〇〇九年改定入管法で、①実務研修を伴わない研修制度と実務研修を伴う研修・技能実習制度を分け、②後者に対して在留資格「技能実習」を新設し、③受け入れ機関に対する指導・監督・支援を強化するなどの対応が行われました（翌二〇一〇年七月施行）。法律に基づく制度改定は、八九年改定入管法以来、二〇年ぶりのことです。

けれども、その後も不適切な制度利用や技能実習生の権利侵害が続いたことから、二〇一六年一一月には、「外国人の技能実習の適正な実施及び技能実習生の保護に関する法律」（以下「技能実習法」）という新法が制定されました（翌二〇一七年一一月施行）。

国会審議では、法律名が示す通り、制度の適正化や技能実習生の保護について説明がなされましたが、技能実習法のポイントは、これらを目的として謳いつつ、制度の拡大を可能とする内容となっていることです。すなわち、実習実施者や監理団体が「優良」と認定されれば、最長五年間受け入れることができるようになりました。また、たとえば、常勤職員数六人の場合、旧制度での最大受け入れ人数が三年間で九人であったのに対して、新制度のもとで優良と認定されれば、五年間で最大三〇人の技能実習生を受け入れることができます。その一方で、肝心の適正化や保護は不十分なままで、制度の目的と実態の乖離や、搾取的な労働が今なお続いています。

留学生という名の「労働力」の活用

技能実習生とともに、近年、注目を集めているのが急増する留学生です。日本学生支援機構によれば、留学生の九五・六％は私費留学生であり（二〇一八年度）、その七割以上がアルバイトをしています。前述の「外国人雇用状況の届出」でも、その二割を留学生が占めており、産業別では、宿泊・飲食サービス業（三六・六％）、卸売・小売業（二〇・六％）など、技能実習生では供給が難しいサービス産業が上位を占めています。

留学生のアルバイト（資格外就労）は、一九八三年の留学生一〇万人計画策定と同時期に解禁されましたが、当時、留学生は学業修了後に母国に帰ることが想定されていました。その後、二〇〇〇年代に入り、「高度人材」をめぐる国際競争が激化するなかで、留学生を「高度人材の潜在的予備軍」と位置づけ、日本での就職を支援する政策へと変化し、就職活動のための在留資格変更が認められるようになりました。留学生数の増加も相俟って、日本で就職する留学生は増えていますが（一九八三年：一一〇人→二〇一七年：二万二四一九人）、政府は更なる就職支援を目指しています。つまり、留学生の受け入れは、将来の労働者の受け入れでもあるのです。

留学生に対する「労働力」としての期待は、学業修了後のみでなく、あるいはそれ以上に、在学中のアルバイトにあります。「外国人雇用状況の届出」の数値を見れば、外国人労働者に占める留学生の比率の高さがわかるはずです。生活コストの高い日本で学ぶ多くの留学生にとって、アルバイトは欠かすことのできない経済的支えです。アルバイトを通じて、日本語や日本社会を学ぶこともできます。ただし、制度上、留学生の目的は「学ぶ」ことであり、「働く」ことはその手段としてのみ認められています。

しかしながら、近年、日本語学校で学ぶ留学生の急増とともに、目的と手段が転倒している事例がメディアなどでしばしば報道され、「出稼ぎ留学生」「偽装留学生」という言葉とともに、対処すべき課題として取り上げられるようになりました。

法定時間を超えて「違法」に働く留学生のなかには、働くことを目的に来日した者もいるかもしれませんが、学ぶという目的を遂行するために働かざるをえない者もいます。いずれにしても、その背景には、労働市場の需要に向き合うことなく、いわゆる「単純労働者」をフロントドアから受け入れない方針を堅持している制度のひずみがあると言えるのではないでしょうか。

サイドドアからの労働力供給の拡大とともに、バックドアからの労働力(非正規滞在者)を排除したのと同様に、政府は、後述するフロントドアからの受け入れ拡大と並行して、日本語学校や専門学校における留学生受け入れを厳格化しています。

技能実習制度を「活用」したフロントドアの拡大

二〇一八年一二月、産業界からの強い要望もあり、深刻な労働力不足を解消するために入管法が改定され、在留資格「特定技能」が創設されました。東京五輪の開催準備や震災復興のための建設・造船分野における緊急措置を例外とすれば、日本政府は初めて、労働力需要への対応としてフロントドアから外国人労働者を受け入れる選択をしたのです。

ただし、受け入れる産業分野(「特定産業分野」)や受け入れ要件など制度の運用に関する詳細は、入管法ではなく、基本方針等で決められます。さらに、「特定技能」で受け入れる外国人は、技能実習に一号から三号があるのと同様に、技能水準によって「特定技能一号」と「特定技能二

図表１　日本で働く外国人労働者の比較

	専門的・技術的労働者			技能実習	日系人		留学生
	特定技能以外	特定技能２号	特定技能１号		二世と三世(とその配偶者，及び未婚未成年の子)	四世(18歳以上30歳以下)	
受け入れの根拠	経済社会の活性化，国際化	労働力不足への対応		技能等の移転を通じた国際貢献	日本人との家族的つながり	日本と海外日系社会との懸け橋となる人材育成	日本で学ぶため
受け入れ枠等	なし	なし	各分野ごとに５年間の最大受け入れ見込み数を設定	実習実施者の常勤職員数に応じた受け入れ枠あり	なし	年間4000人程度	なし
職種等の制限	在留資格が認める活動	特定産業分野	特定産業分野	１号はすべての職種２号と３号は技能実習移行対象職種	就労制限なし	就労制限なし(風俗関連産業不可)＊日本語や日本文化を学ぶ活動を行うことが条件	就労制限なし(風俗関連産業不可)原則，週28時間＊大学等に在籍し学ぶことが条件
転職	在留資格が認める範囲内で転職可	分野内で転職可		原則不可	転職可	転職可	転職可
在留資格の更新	可能	可能	最長通算５年	最長通算５年	可能	最長通算５年	可能
家族の帯同	可能	可能	不可	不可	可能	不可	可能

出所：法務省資料より筆者作成.

号」に分けられます。二〇一八年一二月に閣議決定された基本方針では、前者は介護業、外食業、建設業、ビルクリーニング業など一四分野、後者は一四のうち建設業と造船・舶用工業の二分野のみの受け入れとなっています。

一八年改定入管法に対して、事実上の「単純労働者」解禁、といった報道もありましたが、政府は、今なお、いわゆる「単純労働者」は受け入れないという方針に変更はないとして、特定技能外国人を、専門的・技術的労働者のカテゴリーに位置づけています。いずれのカテゴリーに分類するにせよ、労働市場の実態に向き合い、必要とする労働者をフロントドアから受け入れようとする今回の改定は、一定程度評価できると言えるでしょう。

しかしながら、特定技能一号の外国人は、①最長通算五年、②家族帯同の不可、③受け入れ機関または登録支援機関による支援の義務化など、従来の専門的・技術的労働者とは異なる受け入れになっており、むしろ技能実習制度の受け入れスキームに類似したものとなっています。

加えて、「良好」な技能実習二号の修了者は、無試験で特定技能一号へと移行可能な制度設計になっています。技能等の移転を通じた国際貢献から、労働力不足への対応という目的の異なる制度への移行を認めることは、畢竟《ひっきょう》、技能実習制度が労働力調達の手段であることを当局自身が認めていると言えるのではないでしょうか。さらに、技能実習制度と接合されることで、技能実習法施行後も続くさまざまな人権侵害が、特定技能の受け入れにおいても発生することが懸念されます。

対等な人間として、フロントドアからの受け入れを

一八年改定入管法は、フロントドアからの外国人労働者受け入れの拡大ではあるものの、その開放は、人権尊重の理念を欠く、極めて中途半端なものです。

前述の通り、新たな受け入れは、これまでの専門的・技術的労働者とは明らかに異なっています。技能実習から移行した者の場合、最長一〇年間、家族と離れて働くことになるという制度設計は、彼／彼女らを単なる「労働力」としかみなしていないことの表れではないでしょうか。

原則、自由な職場移動が認められていない技能実習生に比べて、特定技能一号の外国人は、分野内での移動が認められていますが、そもそも転職の自由は、労働者に対して、当然認められる

べき権利のはずです。

その一方で、「大都市圏その他の特定の地域に過度に集中して就労することとならないようにするために必要な措置を講ずるよう努める」(改定入管法附則第二条)とあり、自由な地域移動を制限しようという意図が見られます。よりよい条件を求めることに制約が課せられるとしたら、労働者の労働条件が低く抑えられることになってしまうのではないでしょうか。

さらに、①「必要とされる人材が確保されたと認めるとき」には受け入れを停止する(不足したときには受け入れを再開する)、②「生産性向上や国内人材の就労については、本制度により外国人を受け入れた後も継続して行う」、③「当該分野における向こう五年間の受入れ見込数について示し、人材不足の見込数と比較して過大でないことを示さなければならない」などの規定も、特定技能一号外国人を、国内労働力の補充と位置づけていることを端的に示していると言えるでしょう。彼／彼女らは、労働力需給に従属する存在に過ぎず、人間としての主体的な選択が制限されているという点では、技能実習生と同様に「不自由な労働者」なのです。

加えて、二〇一九年五月、当局は、「永住許可に関するガイドライン」を改定し、永住許可要件(要件の一つである居住要件は引き続き一〇年以上、うち就労資格または居住資格で五年以上)の就労資格に特定技能一号と技能実習を含まないという条件を加えました。これによって、新たな外国人労働者が、在留期間の制約を受けることなく、安心して日本社会で生活するために安定的な法的地位を得ることのハードルは高くなってしまいました。

単にフロントドアを拡大するだけではなく、日本社会が必要とする外国人を、同じ社会の構成員として、対等な人間として迎え入れることが必要ではないでしょうか。

コラム　日系南米人受け入れは何だったのか？　就労に制限がなく、雇用を前提とせず入国・滞在することが可能で、家族の帯同も認められている日系人は、いわゆる「単純労働者」は受け入れないという政府方針の背後で導入された合法的な「単純労働者」であると同時に、今から振り返れば、戦後日本にとって、最初の「移民」受け入れであったと捉えることもできるのではないでしょうか。

その代表であるブラジル人は一九八八年末には四一五九人でしたが、八九年改定入管法の施行後に急増し、リーマンショック前の二〇〇七年末には三一万人超に達し、国籍別でも第三位を占めていました。

来日の早い時期から家族を伴ってくる者が多いことも、日系南米人の特徴と言えます。そのため、彼／彼女らを受け入れた地域は、労働のみでなく、文化や習慣の違いから生じる生活トラブルや子どもたちの教育といった「問題」にも直面することとなりました。日本語学習機会の提供などの初期指導を行うことなく、労働力を求める市場に任せて受け入れたがゆえに、これらの問題への対応を引き受けたのは、彼／彼女らとより身近な接点を持つ地域ＮＰＯや学校、自治体でした。

一方で、特定地域に集住していることによって「外国人問題」をわかりやすい形で顕在化させることにもなり、受け入れ後の統合政策の必要性を国レベルで検討する契機ともなりました。

しかしながら、政府は景気後退時の失業や帰国支援事業などの経験を、統合政策の不在に対する反省以上に、「失敗」と総括し、「定住型外国人」（移民）受け入れに対する懸念を増大させました。二〇一八年七月から日系四世の受け入れを開始しましたが、日系三世までの受け入れとは異なり、一八歳以上三〇歳以下、家族の帯同不可、最長通算五年、サポーターによる支援などという制限的な条件を課しています。このことは、日系南米人に対する当局の評価を端的に示していると言えるでしょう。

第2章　人口減少・超高齢社会と外国人労働者

一九七〇年に高齢化社会(老年人口比率が七%を超える)を迎えた日本は、一九九四年に高齢社会(同比率が一四%を超える)を、二〇〇七年に超高齢社会(同比率が二一%を超える)を迎えました。少子化の進行と相俟って、その後も高齢化は加速し、二〇一八年一〇月一日現在で二八・一%と過去最高を記録し、七五歳以上は一四・二%と年少人口比率(一二・二%)を上回っています。

国立社会保障・人口問題研究所の推計(出生中位・死亡中位)によれば、老年人口比率が二〇四〇年には三五・三%、二〇六五年には三八・四%になるのに対して、生産年齢人口はそれぞれ五三・九%と五一・四%に低下します(国立社会保障・人口問題研究所二〇一七)。

日本の産業を誰が支えるのか、増大する高齢者を誰が支えるのかは、ますます大きな課題となるでしょう。

労働力不足と外国人／移民

長く政府は、女性や高齢者の潜在的労働力の活用、生産合理化や労働生産性の向上によって労働力不足に対応可能である、という見解を示してきました。このような姿勢に変化が見られるのは、二〇〇〇年代半ばごろからです。二〇〇五年三月に策定された「第三次出入国管理基本計画」では、「人口減少時代への対応」という項目が追加され、「出入国管理行政としても、人口減少時代における外国人労働者受入れの在り方を検討すべき時期に来ている」と述べられています。

これに前後して、各省庁や自由民主党のプロジェクトチーム、経済団体などが、外国人受け入れに関する報告書をとりまとめ、現在あるいは将来の労働力不足に対応するため、これまで受け入れを認めていなかった分野での外国人労働者に言及するようになりました。なかには、「移民」という言葉を広義に定義して、労働者に限らず、「移民」として受け入れることを主張する提言もありました。

これを機に外国人／移民受け入れをめぐる国民的議論が深まることが期待されましたが、折しも、リーマンショックに端を発した深刻な景気停滞のために、高齢化や人口減少が確実に進行しているにもかかわらず、受け入れの議論は沈静化します。

二〇一二年一二月、「成長戦略」を掲げる第二次安倍内閣発足とともに、人口減少が対処すべき問題として大きく取り上げられるようになりました。日本の人口は、二〇〇七年以降、自然減（出生数よりも死亡数が多いこと）が継続し、減少数は毎年過去最高を記録しています。前掲の将来推計人口によれば、二〇四〇年には総人口一億一〇九二万人、生産年齢人口五九七八万人、二〇六五年にはそれぞれ八八〇八万人と四五二九万人に減少します。このような人口事情を踏まえ、日本の「稼ぐ力」を取り戻すために、「外国人材の活用」が推進されています。

二〇一四年四月の建設分野における外国人労働者の時限的受け入れの決定（造船分野も含めて翌二〇一五年四月から受け入れ開始）を皮切りに、国家戦略特区における家事労働者や農業就業者の受け入れなど、制限的ではありますが、これまで認めていなかった分野の労働者にフロントドアが開かれるようになりました。二〇一八年一二月には、労働力不足への対応として新たな外国人労働者を受け入れるための改定入管法が成立したことは、第1章で述べたとおりです。

「二〇二五年問題」と介護労働者

超高齢社会日本にとって、最も深刻な労働力不足の分野の一つは介護です。団塊の世代が後期高齢者になる二〇二五年には、およそ五人に一人が後期高齢者となることから、介護や医療などの社会保障費の増大や、それらを担う労働者の不足が懸念されています(「二〇二五年問題」)。とりわけ介護は、精神的負担の大きい「感情労働」でもあり、身体的にも重労働であるにもかかわらず、相対的に賃金が低いことから、現状においても、労働者確保に苦慮している状況です。

一九八七年に介護福祉士が介護分野における唯一の国家資格として成立し、二〇〇〇年四月には、要介護者を社会全体で支え合うことを目的として介護保険制度が導入されました。けれども、長く介護は家族による無償労働とみなされてきたために、専門職としての社会的評価が低いことも、介護労働者の賃金が上昇しない原因とも言えるでしょう。

「平成二九(二〇一七)年度介護労働実態調査」によれば、六六・六%の事業所が労働者不足を訴えており、その割合は二〇一三年度以降四年連続増加しています。不足している理由(複数回答)を見ると、八八・五%が採用が困難であると回答しており、その割合は、前年度調査を一〇%以上、上回っています。加えて、二〇二〇年度末までに約二六万人、二〇二五年度末までに約五五万人の介護労働者を確保する必要があると、厚労省は推計しています（「第七期介護保険事業計画」二〇一八年）。

処遇改善は喫緊の課題であり、すでに二〇〇九年度から二〇一七年度までに、政府主導で月額平均五・七万円の賃金アップが行われています。とはいえ、いまだ相対的な賃金水準は低く、一般労働者（産業計）の現金支給額一〇〇に対して福祉施設介護員は七一・二、勤続年数は七・〇年と短くなっています（産業計一二・四年、「平成三〇（二〇一八）年賃金構造基本統計調査」）。

二〇一九年一〇月には、勤続一〇年以上の介護福祉士の賃金を月額平均八万円程度アップすることが予定されていますが、日本社会全体の労働力不足もあり、処遇改善だけでは、必要とする介護労働者を充足することは困難と言わざるをえません。

国としても、並行して、①多様な人材の確保・育成、②離職防止・定着促進・生産性向上、③介護職の魅力向上などの取り組みを推進しており、その一つとして、「外国人材の受入れ環境整備」も挙げられています。

EPAによる介護分野での外国人受け入れ

介護分野で最初に導入された外国人は、経済連携協定（EPA）による候補者の受け入れです。制度の趣旨は、二国間の経済活動の連携強化であり、労働力不足への対応ではないものの、受け入れ施設への調査では、労働力供給に対する期待が少なからずうかがえます。

送り出し国はインドネシア（二〇〇八年度開始）とフィリピン（二〇〇九年度開始）、ベトナム（二〇一四年度開始）の三国で、看護学校を卒業するなどの要件を満たし、一定の日本語能力を有する者（訪日前に日本語研修あり）を介護福祉士候補者として受け入れ（在留資格「特定活動」）、介護福祉士養成施設で二年以上学ぶか、介護施設等で三年以上就労・研修しつつ、四年以内に（一年間の特例延長措置あり）介護福祉士の資格取得を目指します。

資格を取得した者は、引き続き介護福祉士として就労し（在留資格「特定活動」）、在留資格の更新に制限はなく、家族を帯同することも認められますが、不合格の場合には帰国しなければいけません（帰国後、再入国して国家試験を受験することは可能）。一方で、日本での生活や就労に適応できず途中帰国する候補者、合格したにもかかわらず帰国する者も少なくありません。

試験問題での平易な日本語の使用、病名の英語併記、漢字のルビふり、試験時間の延長などの配慮によって、合格率は上昇傾向にあるものの（二〇一一年度：三七・九％→二〇一七年度：五〇・七％）、難解な専門用語習得のハードルは高く、全体の合格率（二〇一七年度：七〇・八％）と比較すると、いまだＥＰＡ介護士候補者の合格率は低くなっています。

労働力不足への対応が目的ではないとはいえ、一定の技能水準を持つ候補者を受け入れていること、日本語や介護等の学習支援のために多額の公的予算が投入されていることなどを考えれば、試験における更なる配慮を含めて合格率を高める取り組みが求められます。さらに、途中帰国や合格後の帰国についても、その原因を分析し、できる限り防止する必要があるでしょう。

フロントドアからの介護労働者受け入れ

二〇一六年一一月、介護分野での留学生の活躍を目指して入管法が改定され、在留資格「介護」が創設されたことで、国内の介護福祉士養成施設を卒業し、介護福祉士の国家資格を取得した外国人が介護士として就労することが可能となりました(翌二〇一七年九月施行)。つまり、フロントドアからの介護労働者の受け入れが始まったのです。

国家試験に合格しなくても、経過措置として、二〇二一年度までの卒業生は、五年間、介護福祉士として働くことができることから、法改定をきっかけに、養成施設に入学する留学生は増加しています(二〇一六年度:二五七人→二〇一九年度:二〇三七人)。

国も外国人介護労働者の受け入れを後押しするために、都道府県を通じて介護施設から留学生に対して奨学金等を給付・貸与するなどの支援事業を創設しました。さらに、現地の日本語学校と提携して、日本への留学を支援する介護施設、送り出し国と覚書を締結し、奨学金給付や住宅提供などの支援に乗り出す自治体など、独自の取り組みも行われています。

在留資格「介護」の創設は、労働力不足への対応が目的ではありませんが、これらの動きは、介護労働者の需給の逼迫を物語っていると言えるでしょう。

技能実習制度の対象職種に介護を追加

二〇一七年一一月の技能実習法の施行に合わせて、当該制度の二号移行対象職種に、初めての対人サービス職種として介護が追加されました。

介護サービスの質を担保するために、受け入れにあたって、日本語要件（入国時：Ｎ４〔基本的な日本語が理解できる〕程度）など介護固有の要件が追加されていますが、周知のとおり、制度の目的は、途上国に対する技能等の移転であって、労働力不足への対応ではありません。

二〇一八年一〇月末現在、インドネシア、中国、ベトナムなどから二四七人の介護技能実習生が入国しています。しかしながら、家族介護が中心であるこれらの国において、日本の介護技能の移転が求められているのでしょうか。せっかくフロントドアからの介護労働者受け入れを始めたにもかかわらず、並行して、多くの問題が指摘されている技能実習制度からの受け入れを新たに導入することは、間違った選択と言わざるをえません。

介護労働者不足への対応

もう一つのフロントドアからの介護労働者は、特定技能による受け入れです。こちらは、分野別に五年間の受け入れ見込み数が設定されていますが、一四分野のなかで介護は最も多く六万人です。設定されている受け入れ数を見れば、介護分野の労働力不足の深刻さが理解できるでしょう。

さらに、今後は、技能実習二号を修了した介護実習生が、「特定技能一号」の介護労働者として働く可能性もあります。四年間の在留期間を満了したものの介護福祉士の試験に合格できなかったＥＰＡ介護福祉士候補者も、特定技能一号の介護労働者として働くことが認められています。ＥＰＡ看護師候補者についても、特定技能一号の介護労働者への移行が検討されています。いずれも労働力不足への対応を目的とした受け入れではありませんが、EPA候補者については、多額の公的予算を投入して、一定の技能を有する者を受け入れていることを踏まえれば、国家試験に合格しなかったとしても、本人が日本で介護労働者として働きたいと希望するのであれば、日本にとって望ましいと言えます。

加えて、介護福祉士資格を取得して、在留資格「介護」で就労する方法として、従来の養成施設ルートに加えて、実務経験ルートを新たに導入することが予定されています。すなわち、介護施設等で三年間以上就労・研修した特定技能一号の外国人や技能実習生が、国家試験に合格すれば、介護福祉士として継続して就労できるということです。

日本社会の介護を支える多様な外国人

二〇六五年には、六五歳以上が総人口の三八・四％、三三八一万人にも達する日本では、今後より多くの介護労働者を必要とします。高齢化する日本人だけで介護を担うことは不可能であり、国内外の外国人の力に頼らざるをえません。

前述したEPAによる受け入れ、介護養成施設を通じた受け入れ、技能実習や特定技能に加えて、日本人と結婚した移住女性など就労に制限のない外国人や留学生など、統計的にその数値は把握できませんが、すでに多数の外国人が介護労働者として働いています。

「二〇一七年度介護労働実態調査」によれば、外国人介護労働者がいる事業所は全体の五・四％ですが、今後の予定を見ると、一五・九％が「活用」予定ありと答えています。介護労働者の深刻な不足、政策的な外国人介護労働者の導入(フロントドアとサイドドア)を勘案すれば、外国人介護労働者はいっそう増加することが予想されます。

一方、調査では、日本語能力、文化や習慣等の違いを、外国人介護労働者を「活用」するうえでの課題として挙げている事業所が多数ありました。介護労働者は、他の職種以上に、日本語や日本の習慣等の習得が求められることから、公的な習得支援の充実に加えて、受け入れ事業所での支援、異なる言語や文化習慣のなかで働く彼／彼女らに対する理解や配慮が不可欠です。

ところで、現行制度では、目的の異なる四つの介護労働者の受け入れ経路が存在していますが、いずれの労働者も、被介護者から見れば、自身の生活を支えてくれる介護者であることに違いはありません。それにもかかわらず、技能実習や特定技能一号の場合には、最長滞在期間が設定され、家族の帯同が認められていません(還流型またはローテーション型)。介護福祉士の資格を取得すれば、「介護」の在留資格で長期間就労し、家族を帯同することが認められていますが(定住型)、母国に家族がいる者の場合、最低三年間以上は、家族と離れて暮らすことになります。

「平成二八(二〇一六)年度介護労働実態調査(特別調査)」によれば、介護労働者の八五・八%が仕事や職業生活にストレスを感じており、それがバーンアウト(燃え尽き症候群)を引き起こし、離職につながると分析されています。ストレスを少しでも軽減するためにも、そして何よりも人間らしく生活し働くためにも、家族の帯同を認めるべきではないでしょうか。

還流型外国人の受け入れは適切な選択なのか？

一八年改定入管法も含めて、第二次安倍内閣発足以降拡大している受け入れのほとんどは、還流型外国人です。再生産活動に伴う社会的コストを嫌っての選択だと思いますが、果たしてこれは、適切な選択なのでしょうか。

還流型労働者では、短期的な労働力需要に対応することはできても、中長期的な人口減少を抑制する効果は期待できません。加えて、還流型は、外国人労働者が継続的に新規入国することを前提としますが、労働力の供給は無尽蔵ではありません。

外国人労働者受け入れ国であるシンガポールや台湾、韓国などにおける少子高齢化が進行すれば、アジアにおける外国人労働者の争奪戦が予想されます。中国をはじめとする送り出し国の経済も発展しつつあり、かつての日本と同様に、近い将来、受け入れ国へと転換する可能性もあります。

一八年改定入管法をめぐる討議のなかで、受け入れ国である日本の「都合」ばかりが優先されていることに対して、国境を越えて働く者の移動先の選択肢は日本だけではないこと、すなわち彼／彼女らには「選ぶ」権利があることを指摘し、日本は「選ばれる国」か、といった批判的論調の報道も見られましたが、これは、極めて重要な視点です。

労働力としての「有用性」のみが求められ、家族とともに暮らす権利も認められず、失業や病気などで働けなくなれば不要とされてしまうような不安定な生活を、私たちは望むでしょうか。すなわち、よりよい受け入れ環境を創出しなければ、フロントドアを拡大したとしても、労働力不足を解決することは不可能だということです。

共に支え合う社会へ

二〇〇七年以降、日本の人口が自然減を継続していることはすでに指摘しましたが、一方で、二〇一三年以降、社会増（出国者数よりも入国者数が多いこと）が続き、増加数は毎年最大を記録しています。その内訳を見ると、日本人三千人減に対して、外国人一六・五万人増であり（二〇一八年）、外国人の増加によって日本の人口減少が緩慢になっていると言えます。

人口減少や高齢化という点では、市区町村レベルの方がより深刻で、過去五年間の人口減少率が二割超、高齢化率が五割超の自治体もあります。二〇一九年一月一日現在の住民基本台帳人口を見ると、全国一七四一自治体のうちの八二・一％で住民総数が減少している一方で、八〇・八％で外国人住民が増加しています。単なる労働力にとどまらず、外国人住民が伝統行事や消防団員を担い、人口減少や高齢化が進行する地域を支える事例なども報告されています。

「問題」や「支援」といった文脈で語られることが多い外国人ですが、日本人住民の高齢化や地域の衰退が課題となるなか、外国人住民の滞在長期化、エスニック・コミュニティの形成やエンパワーメント、住民相互の交流などを背景に、地域社会の「担い手」としての期待も大きくなりつつあります。国籍による二分類は必ずしも適切ではありませんが、日本人住民と外国人住民の人口構造（老年人口比率はそれぞれ二八・一％と六・四％。二〇一九年一月一日現在）を踏まえれば、地域社会における外国人住民の重要性はいっそう高まっていくことでしょう。

ただし、外国人に対して過度に「貢献」や「有用性」を求めることにも留意が必要です。日本人と同様に、外国人も、病気になったり、高齢化とともに働けなくなることもあります。育児や介護で誰かの支援を必要とすることもあります。

来日時期の早い在日コリアンなどのオールドタイマー（オールドカマー）、中国帰国者やインドシナ難民のなかには、すでに介護を必要としている人もいます。日本語や日本での生活に不便のない人であっても、高齢になると、日本語よりも母語によるコミュニケーションを求め、出身文化への愛着を示す人が増えると言われています。そうした高齢者のために、在日コリアンや中国帰国者向けの介護施設も誕生しています。

ライフサイクルのなかで、誰もが支える側（担い手）となり、支えられる側になるのだという当たり前のことを前提として、人口減少・超高齢社会を、異なる言葉や文化習慣を持つ人々と共にどのように生きていくかを、互いに考え、実践していくことが求められています。

第3章　移住女性の権利を守るには

近年、「出稼ぎ」移住男性による家族の呼び寄せ、再生産労働(育児や家事、介護など、労働力を再生産するための労働)をはじめとするサービス産業への需要などを背景として、世界的に移住女性が増加しています。このような現象は「移民の女性化」と呼ばれ、日本でも、一九九四年末以降、在留外国人数(外国人登録者数)において、男性よりも女性が多数を占めています。

けれども、日本における移住女性は、男性外国人労働者の到来よりも先行していました。いわゆる、風俗産業で働く「ジャパゆきさん」と、衰退する地域の嫁不足を補う「農村花嫁」という存在です。

長く放置され続けた「ジャパゆきさん」

政府が「外国人労働者の入国問題」に言及する以前から、観光などの名目で入国したアジア出身の女性たちが風俗産業で働いていました。摘発された「不法」就労者数を見ても、一九八七年以前は、女性が男性を上回っていました。それにもかかわらず、彼女たちの「不法」就労が、外国人労働者問題として捉えられることはありませんでした。

急増する外国人労働者に対応するために、専門的・技術的労働者を受け入れることが閣議決定されて以降も、フロントドアから外国人労働者を受け入れる在留資格の一つとして「興行」が存在し、これが、事実上、風俗産業で働く女性たちの受け皿として機能していました。彼女たちは、歌手やダンサーの名目で入国しながら、在留資格上は禁止されている接客に従事していたのです(あるいは、させられていたのです)。そのなかには、入国時に身に覚えのない「借金」を負わされたり、意思に反して風俗産業での仕事を強いられる者も少なくありませんでした。

在留資格「興行」は、早くから国内でも問題視されていたにもかかわらず放置され続けました。二〇〇三年末には、専門的・技術的労働者の三四・八%を「興行」が占めていたほどです。

二〇〇四年、アメリカ国務省の『人身取引年次報告書』で初めて「興行」が取り上げられ、第二階層監視国(四ランクの下から二番目)という不名誉な評価を日本が受けたことをきっかけとして、当局による「興行」の審査が厳格化されました。その結果、二〇〇五年以降、「興行」資格の在留外国人(外国人登録者)は激減し、適正化されたとも言えますが、長く、フィリピンやタイなどの女性たちが「合法的」に風俗産業で働くことを黙認してきたことが、アジア出身女性に対する差別意識を増大させてしまったことは否めません。

彼女たちのなかには、接客を通じて出会った日本人男性と結婚したり、シングルマザーとして日本人男性との子どもを養育する女性もいます。

再生産労働を担う結婚移住女性

一九八五年、果樹栽培で有名な山形県朝日町は全国で初めて、自治体として「外国人花嫁」の受け入れに踏み切りました。朝日町に続いて、同じように嫁不足に悩むいくつかの自治体も同様の取り組みを行いましたが、自治体による外国人女性斡旋に対する批判もあり、自治体関与はまもなく打ち切りになりました。けれども、その後も、民間斡旋業者や知人・友人の紹介によって、中国や韓国、フィリピンなどアジア出身の女性たちが結婚を目的として来日し、地方における日本人男性の嫁不足を補っています。

彼女たちの多くは、「労働力」として家業を手伝いつつ、「嫁」として家事・育児を担当するともに、老いた舅・姑の介護も引き受けるなど無償の再生産労働を担っています。結婚移住女性の家庭内での労働活動に目を向ければ、彼女たちの存在を広義の「外国人労働者」受け入れの一形態と捉えることもできるでしょう。とりわけ、地場産業の衰退と人口減少が進行する地方において、結婚移住女性は、地域社会を維持するために欠かせない「労働力」となっています。

それにもかかわらず、「仕方なく」外国人女性を「嫁」として迎え入れたという意識やアジア諸国への差別意識などから、結婚移住女性は、家庭内で従属的な立場に置かれがちです。「配偶者」という身分によって在留資格が付与されるという入管法上の制約も、日本人夫に従属せざるをえない彼女たちの状況を助長していると言えます。日本的な名前を与えられ、自らのルーツを隠し、日本人らしく振る舞うことを強いられることもあります。日本国籍を取得する者も多いため――これは、移住女性にとって、在留資格上の制約を逃れ、日本人夫と対等な関係を構築するための一つの手段でもあります――、地域のなかで、結婚移住女性が「見えない」存在となっている場合も少なくありません。

その一方で、結婚移住女性の受け入れからかなりの年数が経過するなかで、閉鎖的だと考えられていた地域でも、彼女たちがもたらす異なる文化を肯定的に受けとめようとする動きが、少しずつではありますが現れ始めています。自らのルーツに誇りを持ち、子どもに母語や母文化を伝えたり、母国の食材店やレストランを開業する移住女性もいます。

さらに、移住男性の帯同や家族呼び寄せにより来日した女性、仕事や留学などで来日し、日本人や同国人などと結婚した女性など、「妻」として「母」としての役割を担いつつ、働いている移住女性もたくさんいます。

日本で働く多様な移住女性

現在、日本には、多くの、そして多様な移住女性が働いています。冒頭で述べたとおり、在留外国人数ではすでに女性が男性を上回っています。技能実習生の四割以上、就労を目的とする一五の在留資格(専門的・技術的労働者)の三割強は女性労働者です(**図表2**)。さらに、日系南米人や日本人と結婚した女性など、就労に制限のない在留資格を持つ女性、一定時間の資格外就労(アルバイト)が認められている留学生や「家族滞在」などの移住女性も、「労働者」として日本社会を支えています。少し注意深く見渡せば、コンビニやスーパーのレジ、飲食店の厨房《ちゅうぼう》やホールなどの身近なところで、移住女性の姿に出会うはずです。さらに、コンビニなどで売られる弁当を製造する食品工場、魚の干物や缶詰などを生産する水産加工工場、野菜や果物を生産する農家、ホテルなどの清掃やクリーニング工場など、一般の日本人からは「見えにくい」職場で働く移住

図表 2　在留資格別男女別在留外国人数(2018 年末現在．単位＝人，カッコ内＝%)

	男　性		女　性		総　数	
就労を目的とする15の在留資格	235,831	(17.8)	114,849	(8.2)	350,680	(12.8)
文化活動	1,579	(0.1)	1,246	(0.1)	2,825	(0.1)
留　学	187,722	(14.1)	149,278	(10.6)	337,000	(12.3)
研　修	970	(0.1)	473	(0.0)	1,443	(0.1)
技能実習	185,476	(14.0)	142,884	(10.2)	328,360	(12.0)
家族滞在	62,253	(4.7)	120,199	(8.6)	182,452	(6.7)
特定活動	37,227	(2.8)	25,729	(1.8)	62,956	(2.3)
永住者	295,891	(22.3)	475,677	(33.9)	771,568	(28.3)
日本人の配偶者等	53,435	(4.0)	88,946	(6.3)	142,381	(5.2)
永住者の配偶者等	17,459	(1.3)	20,539	(1.5)	37,998	(1.4)
定住者	90,427	(6.8)	101,587	(7.2)	192,014	(7.0)
特別永住者	159,623	(12.0)	161,793	(11.5)	321,416	(11.8)
総　数	1,327,893	(100)	1,403,200	(100)	2,731,093	(100)

出所：法務省資料より筆者作成．

女性も多数います。

移住女性の就労についての客観的な情報は限られていますが、二〇一五年の国勢調査から外国人女性の就労を産業別に見ると、製造業(三四・〇%)と宿泊・飲食サービス業(一一・〇%)で四割以上を占めています(日本人女性では、それぞれ一一・〇%と七・八%)。職種別に見ると、生産工程従事者(三二・五%)とサービス職業従事者(一四・九%)で半数近くを占めています(日本人女性では、それぞれ八・七%と一八・二%)。賃金等の統計はありませんが、技能実習生の平均支給予定賃金(月額、二〇一七年度)では、男性が2号イ(企業単独型)約一四・七万円、2号ロ(団体監理型)約一四・一万円であるのに対し、女性はそれぞれ一四・〇万円と一三・五万円と低くなっています。

一九八五年に日本で女性差別撤廃条約が発効し、男女雇用機会均等法が制定(翌一九八六年施行)されたことを契機として、男女平等への要求は高まっていますが、社会構造や人々の意識に深く根付いている男女の関係性を改善するのは容易ではありません。男女間賃金格差についても、以前と比較すれば縮小しているとはいえ、男性一〇〇(一般労働者の所定内給与額)に対して女性は七三・三(二〇一八年。一九八六年は五九・七)と、いまだ両者の格差は大きく、ＯＥＣＤ加盟国のなかでワースト3を「誇って」います。このような女性をめぐる日本の雇用状況を勘案すれば、移住女性の賃金も、男性よりも低く抑えられていることは容易に推測できるでしょう。

日本人女性の活躍と、それを支える移住女性という構図の問題性

安倍内閣は「成長戦略」の一つとして、「女性の活躍」を位置づけ、子どもを産み育てながら、女性が働き続けることができるように、保育所の整備、育児休業後の復職や再就職支援などにも力を入れるとしています。けれども、家庭内で女性が担っている再生産労働は、育児以外にも、家事や介護などがあり、これらの負担が、女性が男性と対等に働くことを困難にしています。

このような状況に対して、安倍首相は、二〇一四年一月のダボス会議の演説で、女性の活躍の場を拡大するために、家事や介護などの助けとして外国人労働者が必要であると述べました。つまり、労働力率と出生率の両者を向上させつつ、日本人女性が社会で活躍するために、外国人を再生産労働に活用しようというのです。

二〇一四年六月に閣議決定された「『日本再興戦略』改訂二〇一四」においても、改革に向け

ての一〇の挑戦の一つとして「女性の活躍推進」が取り上げられ、そのための施策として「家事支援ニーズへの対応のための外国人家事支援人材の活用」「安価で安心な家事支援サービスの実現」（傍点は引用者加筆）が挙げられています。

従来、外国人家事労働者の受け入れは、外交官や高度人材など、限られた外国人にのみ認められていました。そもそも、日本人家庭において家事労働者の利用は一般的ではありません。近年、就労に制限のない在日移住女性が、家事代行サービス会社からの派遣という形態で、時間単位で日本人家庭の家事労働を行うという事例も見られますが、いまだその数はきわめて少数です。

二〇一五年七月、安倍内閣肝いりの国家戦略特区において、日本人家庭への「家事支援人材」受け入れを可能とする法改定が行われました。自治体などの第三者管理協議会が受け入れ事業者（家事代行サービス会社）の認定・監査を行い、事業者は、①フルタイムの直接雇用、②日本人と同額以上の報酬、③雇用期間は最長三年などの要件で外国人と雇用契約を結びます。外国人の要件は、①満一八歳以上、②一年以上の実務経験と必要な知識・技能、③一定の日本語能力で、炊事・洗濯等の一般的家事に加え、子どもの世話や身体介護以外の高齢者の補助なども行います。

家事労働者（家事使用人）は、労働基準法の適用除外ですが、家事代行サービス会社に雇われ、派遣した会社の指揮命令のもとに派遣先家庭での家事を行えば、適用除外の「家事使用人」には当たりません。したがって、労働者の権利保護という観点からも、家事代行サービス会社を窓口とした受け入れの方が望ましいと考えられますが、多言語相談窓口の整備や、サービス利用者への人権啓発も欠かせません。

二〇一七年三月には、第一陣として二五人のフィリピン女性が来日しました。家事代行サービスの利用がどれほど進むかはわかりませんが、特区での試行結果によっては、受け入れ地域が拡大する可能性もあります。

権利が侵害されやすい移住女性を守る制度づくりを

けれども、たとえ労働基準法が適用されるとはいえ、「成長戦略」のために「安価な労働力」を外国人に求めるという発想自体を注意深く検証すべきではないでしょうか。滞在期間の上限を定めた単身での受け入れ(還流型)は、技能実習生の不自由さと同じです。

シンガポール、マレーシア、台湾などでは、育児・介護を含めた家事労働を公的に支援する制度が整備されていないことを補う形で、家事労働分野での移住女性の受け入れが行われ、フィリピンやインドネシアなどの女性たちが住み込みで働いています。けれども、労働法が適用されないなか、家庭内という密室での労働ゆえ、長時間労働や虐待などの人権侵害が多数報告されています。このような家事労働者の状況を改善するために、二〇一一年六月、第一〇〇回ILO総会で家事労働者条約(ILO一八九条約)が採択されましたが(二〇一三年九月発効)、残念ながら、日本は批准していません。

再生産労働を担う移住者のほとんどが女性であり、途上国出身者です。移住者であり、女性であるという複合差別の現実をふまえれば、家庭内という閉鎖的な空間での就労は、いっそうの権利侵害が懸念されます。

移住女性を雇用する経済的余裕のある日本人がどれくらいいるかを想像すると、外国人家事労働者の受け入れが、どれほど日本人女性の労働力率向上に資するかはきわめて疑問です。無償労働とみなされてきた再生産労働は総じて労働単価が低く抑えられがちであるとはいえ、「中流」レベルの家庭であっても、家事労働を外部化することの経済的負担は大きいはずです。収入の多寡にかかわらず、女性が男性と対等に働くためには、まずは、男性の家事参加——そのためには、働き方、あるいは企業による働かせ方の見直しが欠かせません——と、公的な育児・介護支援制度の整備が求められます。そのような取り組みが不十分なまま、市場での家事労働力調達が推し進められると、育児や介護を含めた家事全般を支援する公的制度が後退することも懸念されます。家事労働者の受け入れに際しては、この点にも留意する必要があります。

家事労働分野で移住女性を受け入れるかどうかの選択は、男女平等の視点から、行政や企業、男性による女性の家事負担軽減の取り組みを推し進めた後に検討されるべきことでしょう。すでに多くの移住女性を受け入れている日本が今なすべきことは、かつての「ジャパゆきさん」や結婚移住女性受け入れの反省に立ち、彼女たちの権利を十分に保障しつつ、多様な文化が尊重される制度や環境を整えていくことであるはずです。

コラム　移住女性の再生産活動の尊重を　家事や介護など再生産労働を担う移住女性が増えている一方で、自らの再生産活動を制限されている移住女性もいます。

近年、家族の帯同が認められていない還流型外国人が増加しています。たとえば、その代表である技能実習生を見ると、女性の六四・九％が二〇歳代です（二〇一八年末）。母国に配偶者や子どもを残して来日する女性もいますが、独身女性もかなり多いと推測されます。そして、そのような移住女性のなかには、日本で出会った男性と恋をして妊娠する女性もいますが、彼女らの女性としての権利は尊重されているのでしょうか。

労働組合やＮＰＯには、結婚や妊娠を理由に解雇されたり、妊娠を理由に強制帰国させられたり、中絶か帰国かを迫られる技能実習生からの相談が寄せられることがあります。相談することもできず、帰国させられることを恐れて、やむをえず中絶を選択せざるをえない女性、中絶することもできず、生まれた乳児を遺棄して罪に問われた女性もいます。

二〇一九年三月、法務省と厚労省、および外国人技能実習機構は連名で、「妊娠等を理由とした技能実習生に対する不利益取扱いについて」という通知を出しました。「女性労働者が婚姻し、妊娠し、又は出産したことを退職理由として予定する定めをしてはならない」という男女雇用機会均等法第九条の規定を参照しつつ、注意喚起がなされていますが、逆に言えば、こういった通知を出さなければならないほど、移住女性の権利が侵害されている現実があるということです。

二〇一九年四月から受け入れが開始された特定技能一号の外国人も、技能実習生と同様に家族の帯同が認められていません。労働力不足への対応を目的とした受け入れであっても、母性保護規定の対象であることを、受け入れ企業のみならず、移住女性にも周知していくことが重要です。そして、何よりも、家族の帯同を認めないという歪んだ受け入れ制度を再考する必要があるのではないでしょうか。

第4章　社会的・文化的受け入れ態勢を整える

ここまで外国人労働者の受け入れのあり方を検討してきて、社会的・文化的な受け入れの態勢も欠かせないことが分かってきました。

社会的受け入れの課題、問題

来日し、ある雇用関係のなかで働き始める労働者は、社会保険（社保）の適用を受け、仕事および生活上のリスクを減らす社会的相互扶助システムのなかに身を置きます。社会保険とは、日本では、健康保険、年金保険、介護保険、雇用保険、労災保険などの総称です。また彼／彼女らは地域の住民となることで、公営住宅に入居申し込みができますし、家族帯同であれば、子どもの生育に保育所を利用し、さらに学校に通わせることでしょう。生活するため日本語を習得したければ、自治体が外国人住民のために用意する日本語教室等に参加することができます。彼／彼女らは労働者であるだけでなく、社会的に生きる住民にも市民にもなっていくのです。

外国人にも日本人と平等に享受できる多くの社会的権利がありますが、なかでも社会保障の権利は重要です。外国人でも要件を満たせば健康保険や年金保険に加入し、給付を受けることができ、児童手当を受けることができます。近年、家族帯同の外国人の滞在が増えているのも、このような生活保障の支えがあるからこそです。

これまでの経過にも少々触れておきます。健康保険法や厚生年金法などはその制度の発足時から、雇用関係にある者に、国籍にかかわりなく適用されてきましたが、国民年金法や国民健康保険法(国保法)が公式に外国人にも開かれるのは一九八〇年代のことにすぎません。それは日本が国際人権規約を批准し(一九七九年、同年発効)、「難民の地位に関する条約」(難民条約)に加入する(一九八一年、翌一九八二年発効)ことに伴っての法改定によるもので、それ以前、コリアンなど日本で暮らす外国人は保障のない不安定な生活を強いられたのです。一九八二年以前は年金制度(国民年金)から排除されていたため、無年金のまま老後を迎えねばならない高齢外国人の生活問題が生じました。

実際には、権利はあっても、社会保険が適用されていない外国人労働者のケースがかなりあるようです。雇用する企業の側が、社会保険料の折半負担をきらい、または労働者本人が、低額の賃金からさらに保険料が引かれるのを避けようとするためと言われます。しかし無保険では不安だからと、健康保険にだけは入りたいとし、自治体管掌保険である国民健康保険(国保)に加入する外国人は少なくありません。雇用労働者なのですから本来の社会保険の適用こそが筋ではないでしょうか。労働基準監督行政の側からの強い指導が必要です。

さらに、国保加入の外国人のほとんどは国民年金には非加入のようですが、それでよいのか、問題は残ります。「川崎市外国人市民意識実態調査」(二〇一四年実施、無作為抽出、有効回収票九二一)では、対象の外国人の健康保険(医療保険)および年金への加入の有無をたずねています。健康保険未加入の外国人は五％程度と、以前に比べて少なくなりました。しかし公的医療保険加入外国人の四一％が、国保に加入していることは、外国人における自営業と無職者が二割強の川崎市にしては、やや高すぎるように思われます。それに対し、公的年金保険への外国人の加入率が約六割と低いことは、彼／彼女らの将来を考えるとき、看過できません（**図表3**）。二〇一九年五月に改定された「永住許可に関するガイドライン」において、許可要件の一つに公的年金の保険料が納付済みであることが加えられました。年金未加入の外国人には永住の道が開かれなくなる恐れがあります。

図表3　外国人の年金加入状況

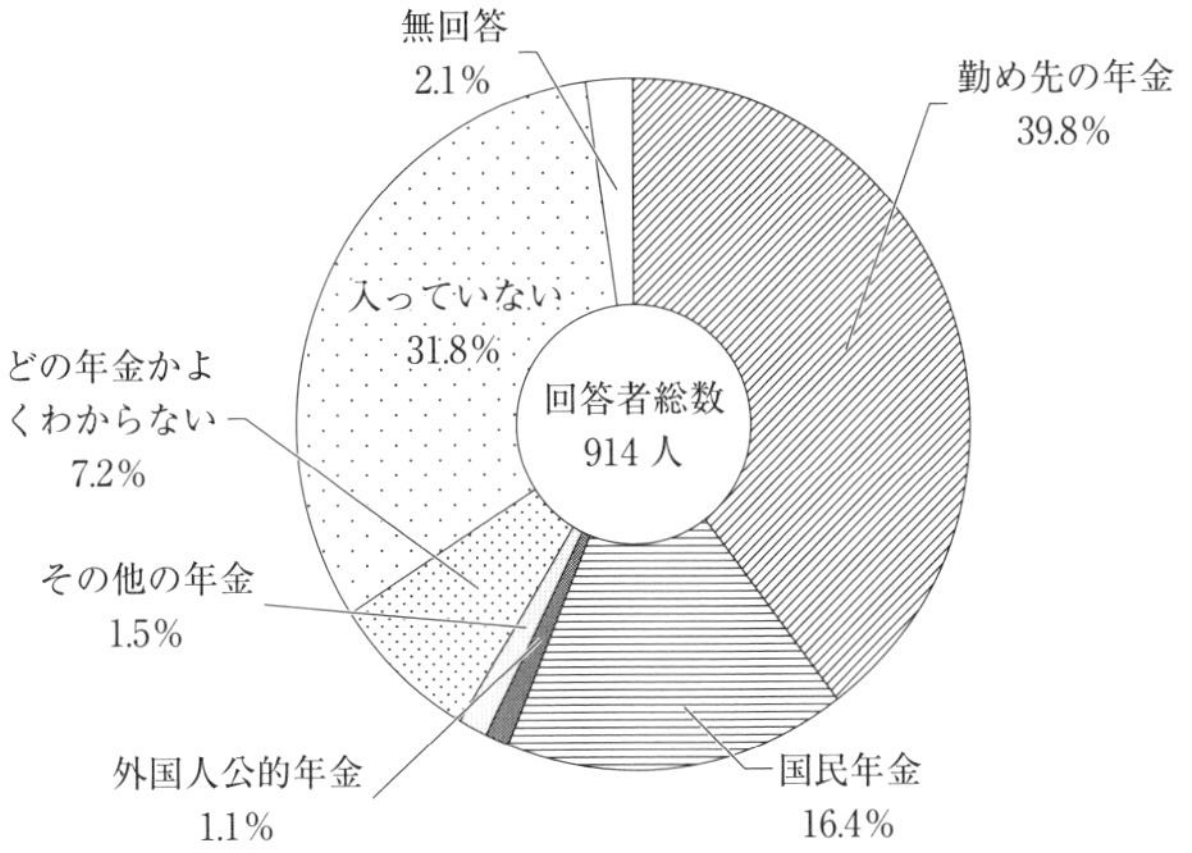

出所：川崎市『川崎市外国人市民意識実態調査報告書』(2015年，p.40)より．

先述の無年金外国人も含めて、川崎市の六五歳以上の外国人の六五・一％が公的年金に「入っていない」、すなわち年金をもらっていない、と答えていることは由々しいことです。援助のあてが他になければ、この人々は生活保護に頼らざるをえないでしょう。

日本で働き、生活している外国人で、「帰国の予定はない」「できるだけ長く日本に滞在したい」と語る者が増えていて、永住資格を得ている者と、定住状態にある者を合わせると、約五四％に達します。

このままでは、年金受給のない高齢外国人が相当に生まれそうです。

外国人の年金受給権獲得以前の中途帰国等による年金保険料の掛け捨てをなくすため、政府は、一つには、年金の通算協定を十数カ国との間に締結しており(韓国、ブラジル、フィリピンを含む)、いま一つには、中途帰国をする外国人のための脱退一時金の制度を設けています。しかし、必ずしも年金加入率を高める効果はないようです。脱退一時金については、帰国後に受け取る返戻額の上限が低めに設定されていて、年金加入を促すほどのインセンティヴにはならないという声が聞かれます。国はあらためて、外国人も抵抗なく加入しうるような年金保険の制度設計を行うべきでしょう。

セーフティネットとしての生活保護

社会保障の諸制度のなかでセーフティネット的役割を持つものに、「生活保護」の名で呼ばれる公的扶助があります。外国人個人または世帯にも、この生活保護に頼らねばならない状況は生じえます。病気等の理由で働けなくなったとき、また解雇され、雇用保険の適用がなく、次の仕事も見つからず、無収入になったとき、配偶者と離死別し、子どもを引き取ったが経済的に自立できるだけの仕事に就けないとき、などがそれです。

生活保護は外国人にも開かれていて、事実として、人口当たりの生活保護受給者の割合を見ると外国人の方が日本人より高くなっています。ただし政府は、外国人へは、これを適用ではなく、「準用」であるとしていて、外国人は生活保護を当然の権利としては要求はできない、保護を拒否されても不服申し立てはできない、という解釈に立っているようです。「公的扶助であり、国民の税金から支給されるのだから、準用で当然」という声もありますが、外国人も納税者であることを忘れてはなりません。日本人と同じように権利として認めるべきではないでしょうか。

また、外国人のうち生活保護が適用される範囲は、定住者的な在留資格を有する者に限られる点でも制約があります。すなわち「特別永住者」「永住者」「日本人の配偶者等」「永住者の配偶者等」「定住者」の資格に該当する者というわけです。公的扶助というものの性質上、短期滞在の外国人や旅行者の外国人には受給を認めない措置をとっている国は多く、たとえばフランスの公的扶助(活動的連帯所得手当RSA)の外国人への適用は、五年以上有効な滞在許可証を持つ、二五歳以上の者に限っています。ただし、本人が扶養する子どもを持っていたり、または妊娠中であれば、こうした滞在許可や年齢に関する制限も取り払われることになっています。これらの点は重要で、緊急に救済すべき事案にはまさにセーフティネットとして生活保護を適用するという柔軟な対応であり、これは日本でも望まれるところです。

日本でも一九五四年から九〇年まで、非定住外国人にも給付されたことがあり、特に保険未加入の外国人の窮迫医療(急病や怪我のための緊急の受診、医療処置)への支払いに、生活保護のなかの医療扶助があてられてきました。しかし一九九〇年、厚生省(当時)は、非定住外国人への生活保護の準用を禁止したため、この対応が不可能となり、自治体や医療機関の関係団体からはその復活を求める要望者が厚生省に提出されました。しかし、現状は基本的に変わっていません。

地方自治体の施策、NPOによる支援

外国人の社会的・文化的受け入れでは、大きな役割を果たしてきたのは地方自治体です。外国人の受け入れの基本方針は国が決定し、入管法の改定等を行いますが、入国してきた外国人の実際の就労の場、居住の場、日々の生活の展開の場は特定の地域です。そこで地方自治体からさまざまな行政サービスを受けます。また県営、市営等の住宅は、入居の国籍要件が一九九〇年代に全国的に廃され、増える外国人世帯の居住の受け皿になっています。

医療や福祉の面で外国人のニーズに応え、また必要なサポートをしているのは、主に地方自治体と、地域で活動しているNPOです。保険未加入の外国人が発病し、病院で受診し、高額の医療費請求を受け、支払いがなされないとき、病院の未収金を補塡《ほてん》するための基金を設けている自治体があります。また、外国人が病院等で受診するさい医療通訳が切実に求められますが、NPO、自治体、医師会などが協力して医療通訳システムをつくり、運用しているところもあります。

ひるがえって、国が主体となり外国人の受け入れのために行う施策は限られていて、財政上の措置も不十分で、自治体やNPOが行っている外国人の生活支援の施策への国の補助金は、仮にあっても、十分とは言えません。たとえば、厚労省は、外国人が安んじて医療を受けられるような医療保障の体制づくりをやってきたでしょうか。重要性を増している医療通訳システムも、これを創始した自治体・病院・NPOが運営していて、財政援助は進みません。

日本語教育を国、地方自治体の責任で

文部科学省(以下「文科省」)・文化庁の、外国人への日本語教育への関わり方は不十分です。もっと広く外国人に無償または低廉な費用での、言語習得の機会と場を保障する政策を検討すべきでしょう。一口に日本語の教育と言っても、日常生活言語にとどまらない、社会生活、職業生活に役立つ公式表現も学ばなければなりません。日本・東京商工会議所が傘下の諸企業に行ったアンケート調査(二〇一九年)で、「外国人材」の受け入れにおいて「政府が実施すべき取り組み」について尋ね、最上位に来たのが「外国人材に対する日本語教育の充実」(七〇・三%)だったことは示唆的であり、企業もこれを望んでいるということです。二〇一九年六月、議員立法として成立した日本語教育推進法が、企業の努力義務、自治体の協力義務と並んで明瞭に日本語教育推進の「国の責務」を強調し、そのための施策・措置を講じること、とされたことが注目されます。その実施にあたり、西欧の「移民国」フランス、ドイツ、オランダなどで、国家プロジェクトとして、中長期滞在予定の入国外国人に行われている数百時間の言語教育(宮島二〇一九)は、範とならないでしょうか。

国の施策として、ということを強調しましたが、これらの施策を地方自治体に委ねると、地域の実情に応じたきめ細かな対応がなされるメリットはあるでしょうが、限られた財政のため小規模な施策にとどまり、また施策の有無の地域差も生まれてしまいます。

子どもの教育をどのように保障するか

家族を伴っての外国人の来日、定住、または家族の呼び寄せは、それほど多いとは言えません。

来日外国人のなかに、技能実習生のように家族呼び寄せが禁じられている者も多いからで、新たに受け入れが始まる特定技能一号労働者についても、同様の禁止が課されています。それでも、事実として家族帯同または呼び寄せの外国人は増えていて、そこには子どもも数多く含まれるようになりました。一五歳未満の外国人は約二三万人に達し、そのうち義務教育年齢(六―一四歳)の子どもは一二万人となります。その子どもたちの受け入れにおいて何よりも重要なのは、適切な教育が提供されることです。

日本の学校は、かつては外国人の子どもに平等に就学を保障しているとは言えませんでしたが、一九六五年の日韓条約に伴う「法的地位協定」の締結によって、韓国人の児童生徒は日本の無償の小・中学校教育を受けることが認められ、これはその他の外国人の子どもにも認められるようになってきました。

しかし外国人の子どもの就学を進める上では、二つの問題があると言えます。一つは、ニューカマー外国人の子どもが増えるにつれて、日本語未習の子どもの編入学が増え、そうした児童生徒への教育的対応が課題となっていることです。日本の学校は日本語未習の子どもでも受け入れることを原則としていて、日本語教室を設置しての教員たちの指導の努力は評価されますが、そうした指導態勢のない、教員が配されていない学校も多く、授業についていけない児童生徒が生まれやすいのが実情です。文科省は二〇一四年、それまで学校教育のなかで明確な位置づけのなかった外国人児童生徒等への日本語指導を「特別の教育課程」とし、より重視するようになりました。

いま一つの問題は、日本では外国人には就学義務（憲法第二六条）を課していないことに関連して、義務教育年齢の外国人の（なんらかの学校への）就学の指導を徹底できないことです。日本語が分からない、授業についていけない、親の都合で国内外の移動が多く学校にきちんと通えない、等の理由で通級をやめる子どもがいても、就学義務がないため、学校側も就学を促す強い働きかけができず、そのこともこれを助長しているようです。

文科省は外国人不就学者の数等について調査をしてきませんでしたが、ある報道機関は独自にデータを集め、逐一自治体の確認をとり、全国の外国人の子ども約一・六万人は就学の有無が確かめられていないと報じています（毎日新聞二〇一九年一月七日）。義務教育年齢の外国人の約一三％となりますが、これは決して小さな数字ではありません。とすれば、所定の年齢の子どもは、国籍の如何を問わず、学校に通わせるという就学義務を課すべきではないでしょうか。

義務教育年齢にあたる滞日外国人の子どものうち、日本の小・中学校に在籍する者は漸増していますが、七割前後にとどまっています（**図表4**）。

残りの三割のうち一割強は右に述べた不就学ないし就学不明の子どもたちでしょうが、日本の学校ではなく外国人学校（民族学校）に通わせるケースが一五―二〇％を占めるというデー

図表4　外国人の子どもの日本の学校への就学状況

年	6-14歳の外国人数（A）	日本の小・中学校に在籍する外国人数（B）	B／A
2012	101,822人	63,455人	62.3%
2014	101,675	65,674	64.6
2016	106,457	71,904	67.5
2018	120,865	84,250	69.7

出所：文部科学省「学校基本調査」，入管協会「在留外国人統計」（2012年のみ年末数値，それ以外は各年6月末数値）より筆者作成．

タもあります。

すでに述べてきた改定入管法の二〇一九年四月施行を前にし、文科省は改めて都道府県および各教育委員会に通知(三月一五日付)を発し、外国人の子どもの就学促進のため、就学案内等の徹底、就学状況の把握、市町村の他部署(住民登録、福祉、多文化担当など)と連携しての保護者への適切な情報提供、さらに障害のある子ども、学齢超過者、外国人学校退学者なども「学校への円滑な受入れ」に努め、受け入れ学年の決定にも子どもの実情、希望に応じて柔軟な対応をすること、を求めています。

次に、日本人、外国人のすべての子どもに同質の教育を提供することは、教育の機会を保障していることにはならないでしょう。異なる文化的背景を持つ子どもたちが学校で学ぶとき、その文化の差異または特有性を消し去るような一言語主義、一文化主義の同化の教育でよいのでしょうか。外国人・移民の保護者から子どものアイデンティティの確立のため、または将来どの国に生きるかという生き方の選択を可能にするため、母語ないし「継承言語」の教育をしてほしいという要望がなされる例は多く、欧米では学校や教育当局がそれに応じることもあります。

日本では、戦後、在日コリアンから、彼/彼女らの母語や母文化を子どもに教えるクラスである「民族学級」を日本の公立学校のなかに設置してほしいという要求がなされましたが、文部省(当時)はこれを認めませんでした。以来、日本の公立学校では、継承言語または母語、母文化の教育は行われていません(ただし自治体により、教育委員会の承認で民族学級が設けられている学校が少数ある)。このため、在日コリアンや在日中国人は、独自に母語教育、民族教育を行うためそれぞれ朝鮮学校、韓国学校、中華学校を設立したのです。その後、ニューカマー外国人のためのブラジル人学校なども各地に生まれました。である以上、在日外国人にとり、少なくともオプションとして、外国人学校は重要な意味を持つものです。外国人の子どもを就学させるにあたり、外国人学校もその選択肢に入れることができるように、これらの学校の充実もはかられるべきです。そのため政府や都道府県によるこれらの学校への援助、補助は、今まで以上に大きな意味を持ってくるはずです。

市民権を認める

外国人労働者の滞在長期化、さらに定住は、石油危機とそれに続く不況期（一九八〇―九〇年代）に欧米諸国に起こったことでした。母国に帰国しても、より苦しい生活が待っていると思えばこそです。日本でも、一九九八年に外国人の「永住者」資格の取得要件を緩和すると永住希望者は増え、これに特別永住者を加えると、現在、永住外国人は全外国人の四〇％となっています。

外国人労働者も、同時に特定の地域社会の住民となり、外国人であることは、彼／彼女らが地域社会の成員である住民（地方自治法第一〇条）であることを妨げません。住民として国や自治体からのさまざまなサービスを受ける権利を持ち、またサービスを受けるだけでなく、参加する権利、すなわち地域の諸組織に参加したり、地域政治に参加する権利も認められるべきでしょう（住民投票、地方議員・首長の選挙に参加したり、請求権などを行使したりする権利）。これらの権利をまとめて「市民権」と呼ぶことにしますが、西ヨーロッパ諸国では、外国人労働者の定住移民化が進んだ一九八〇年代を中心に、「新しい市民権」の名の下、彼/彼女らに地方参政権が認められていきます。たとえばそうした国の一つオランダでは、かつて「ガストアルバイター」(契約外国人労働者)として受け入れられてきたトルコ人やモロッコ人の次世代くらいの代表が、アムステルダム市やハーグ市などで市会議員に選出され、活躍している姿に出会います。

日本では、一九九〇年代後半から外国人地方参政権法案が自民党を除く諸政党により国会に上程されましたが、成立しませんでした。それでも、定住外国人を地域社会の成員と認め、彼/彼女らの住民自治への参加の仕組みをつくり、運用する試みは行われています。川崎市の外国人市民代表者会議などがそれで、また、住民投票条例を制定し、投票権者に国籍要件を付さない自治体もあります。

なお、その間、外国人受け入れ国となって定住外国人も増加したお隣の韓国が、二〇〇五年に永住外国人地方参政権を実現させ、今日に至っていることは注目されます。

コラム　社会保障ただ乗り「問題」を問う　近年、一部メディアで、外国人が日本の健康保険制度にただ乗りし、制度の崩壊を招きかねない、といった不安を煽る報道が相次いでいます。

一連の報道を受けて、二〇一七年三月、厚労省は外国人の国保利用に関する実態調査を行いましたが、一五〇〇万件弱(一年間)の外国人のレセプト(診療報酬明細書)総数のうち、「不正な在留資格による給付である可能性が残るもの」はわずか二人でした。それにもかかわらず、同年一二月より、在留外国人の国保適用の不適正事案に関する通知制度の試行的運用が開始され、二〇一九年一月から本格運用されています。具体的には、国保資格取得から一年以内である外国人被保険者が、高額療養費や出産育児一時金などの支給申請を行った際に、自治体職員が外国人に対して聞き取り調査や資料等の確認を行い、在留資格の本来活動を行っていない可能性が高い場合には地方入管局に通知するという制度です。

本来、自治体職員は住民サービスの提供者であって、「偽装」滞在者の摘発者ではないはずです。このような通知制度を導入することで、外国人に対する不安はいっそう増殖してしまうのではないでしょうか。ただ乗り報道に呼応して、外国人に対してのみ、パスポートや在留カードの提示を求める医療機関も出ています。差別的な扱いや偏見が拡大することで、受診を控える外国人が出てきてしまうことが懸念されます。

さらに、二〇一九年五月、健康保険法等が改定され、健康保険や国民年金の被扶養者を、原則、国内居住に限定することとなりました。グローバル化が進展し、国境を越えて家族が形成される時代に、逆行するかのような制度変更です。

根拠のない報道に追従し「排除」を進めるのではなく、国籍にかかわらず、誰もがリスクに備えて保険料を負担し、共に支え合うという基本原則に立ち返る必要があるのではないでしょうか。

コラム　ヘイトスピーチ解消法と解消されない差別　特定の集団(民族、国籍、その他マイノリティ)を対象として、憎悪(hatred)および排斥意図を表す言動をヘイトスピーチといいます。これはデモ行進、集会、街頭宣伝、文書(ビラ)などで表明され、インターネットで不特定多数者に伝えられ、同調を求めることも行われます。そして二〇一〇年前後から、各地で韓国人や中国人を対象とする「〇〇〇人を殺せ」「〇〇〇人は死ね」といった言葉が、一部の日本人集団によって投げかけられるようになり、それによる差別、人権侵害が問題となります。日本には西欧諸国で行われたような人種差別禁止立法がなく、ヘイトスピーチ防止、処罰の有効な手段はありませんでした(かねて国連人種差別撤廃委員会は、人種差別を禁じる法律の整備を何度も日本政府に求めたのですが、政府は応じていませんでした)。

そこで二〇一六年五月、自民党、公明党の提案に野党が修正を加え、「本邦外出身者に対する不当な差別的言動の解消に向けた取組の推進に関する法」(以下「ヘイトスピーチ解消法」)を成立させました。これによって、ヘイトスピーチが不当な行為であることを法的に宣したことの意義は大きいと言えます。しかし、同法の対象が適法に居住する外国出身者への言動に限られ、日本人(特にマイノリティの)への言動は問われない点、そうした言動を解消する(なくす)のに国と地方自治体による啓発、教育、相談が言われ、処罰規定がない点は、法の実効性を疑わせるものです。法の施行後、ヘイトスピーチデモ、集会は、全国的に見てたしかに減少したようですが、インターネットを通じての匿名の無根拠なヘイトメッセージの大量拡散が目立つようになり、その規制を、言論の自由と抵触しない形でいかに迅速に行うかが大きな課題となっています。

第5章　多文化社会を共に生きる

定住の進む外国人

「外国人材の受け入れは拡大するが、これは移民政策ではない」と、政府は事あるごとに述べてきました。

そのためなのでしょうか、新たな「特定技能」労働者の受け入れにあたっても、早速その募集が始まっている特定技能一号の者には、五年という期限が付されていて、家族を伴うことも認められていません。また、繰り返しますが、外国人技能実習生は、最長五年間の滞在で帰国しなければなりません。これも、移民受け入れにつながらないようにするためでしょうか。

しかし、次の事実にも目を向けるべきでしょう。日本はすでに一世紀来、外来の移住者で、定住した、移民と呼ぶにふさわしい人々（在日コリアン）を擁しており、現在は「特別永住者」の資格を与えられていて（約三二万人）、その多くはすでに三世代目か四世代目になっています。ニューカマー外国人でも、「永住者」の資格を認められている者（一般永住者）は約七七万人になりますから、先述の通り外国人全体の約四割が「永住者」なのです。これに三つの定住の可能性の高い在留資格（「日本人の配偶者等」「永住者の配偶者等」「定住者」）を持つ者の合計約三七万人を合わせると、外国人の約五四％は定住人口とみなしてよいでしょう。「移民」という言葉を使うのは不都合でしょうか。

日本はたしかに、アメリカやカナダやオーストラリアのような意味での移民国ではありません。入国を希望する外国人を、あらかじめ「移民」(永住権申請者)とそれ以外に分けて扱うという方式を日本の入管法はとっていません。永住を前提として人を受け入れる制度を持たないわけで、新規に入国する外国人には、滞在が認められる在留期間(最短一五日から最長で五年まで)が定められ、外国人はその期間が終われば「出国する」人としてまず捉えられます。ただし、在留期限があっても、当人が希望し、所定の条件を満たせば、滞在の更新が認められていく。ここがポイントです(技能実習生にも更新が認められますが、上限が設定されています)。

なお、血統主義一本の国籍法を維持している点も、右の移民国との相違点です(後述)。

したがって、在留期間を更新しながら五年、一〇年、一五年と滞在・就労を続けること、日本人と結婚し、在留資格を変更し、定住していくこと、などは可能です。そして、在留資格として「永住者」(在留期間が無期限)があり、この資格を得た外国人は、入国時点で永住を前提としていなかったが、結果としてアメリカやカナダで言う「移民」とよく似た存在になっていく。「結果としての移民」と言うことができるでしょう。

最近のある調査結果も想起しておきましょう。二〇一六年に法務省が実施した初めての大規模な「外国人住民調査」(全国から政令指定都市を中心に三七都市を選び、住民基本台帳からの無作為抽出で実施。有効回収票四二五二)でも、日本滞在が一〇年以上に及ぶと回答した者(日本生まれの者も含む)が、回答者の五六%となっていました(人権教育啓発推進センター二〇一七)。また、在留資格を尋ねた設問では、四八％が「永住者」であると答えています。一〇年以上日本に滞在し、労働その他の活動の場を日本とし、主な生活のベースを日本で整えているような外国人を「移民」と捉えることは不自然ではなく、欧米諸国では「移民」「移民労働者」の語が充てられます。

「移民」という語が避けられる理由

もちろん名称をどうするかは二義的な事柄ですが、ただ、政府が「これは移民政策ではない」と言明することがあまり意味を持たなくなっているとは言えるでしょう。にもかかわらず、そう言明しつづけることに、どういう意味があるのでしょうか。「移民の受け入れ」ととられることをなぜ政府はきらい、避けようとするのか。そこにはいくつかの理由があるように思います。

一つには、移民の受け入れとなると、住宅、日本語教育、医療、福祉、子どもの教育、家族給付など、さまざまな環境、条件の整備が必要で、多大の準備を要し、またコストがかかるから、というものです。しかしそれは、外国人労働者は低コストで受け入れるのが当然という意識のいわば裏返しであり、取るべき考え方ではないでしょう。継続的に必要な労働者として外国人を受け入れるなら、企業はもとより、国、地方自治体の責任で当然に多くの条件整備がなされるべきことは、第4章でも述べた通りです。

第二に、政府は、日本の将来にかかわる、懸念される人口問題（特に少子化）があるにもかかわらず、公式には、外国人を受け入れることでこの問題を解決する必要を認めたことはありません。外国人を受け入れるのはあくまで労働力の確保が目的だと言うため、「移民」の語は避けなければばならないと考えるのでしょう。しかし公式にどういう態度を取ろうと、今、多くの専門家、社会設計担当者の考えでは、外国人の受け入れを日本の人口問題への一つの解答とみなすことは、排除されていません。このことは、第2章でふれました。

第三に、外来の人間が大量に入ってきて定住すると、日本らしい文化や生活スタイルが破壊され、日本人のアイデンティティが危機にさらされるのではないか、という理由も挙げられるようです。しかしこれは、明治期の「文明開化」や「内地雑居」の頃に言われたことですし、戦後一〇年近くアメリカの占領・軍の駐留が続いた際にも、アメリカニゼーションの影響として論じられたことです。文化を異にする人々と共存、共生することで、確かに文化や生活スタイルは変わります。しかし一方的な〝文化侵略〟などには決してならず、相互的に変化するもので、日本社会が変わるなら、定住する外国人も、受け入れ社会(日本)の文化、価値の影響を受け、行動規範を取り入れていくものです。これは過去三〇年、相当割合のニューカマー外国人との共存を生きてきた、たとえば東海地方のコミュニティの生活を見れば分かります。

短期ローテーションは望まれていない

政府の外国人の在留管理の考え方にも首尾一貫しないところがあります。迎えた外国人にその労働力を提供してもらうのに、期限を定め、五年を過ぎると帰国させるというわけですが、しかし労働者を受け入れ、雇用し、活用したい経済界にとって、短い期限でのローテーションは必ずしも望ましいものではありません。雇い入れ、教育・研修を施し、仕事を覚えさせ、一人前に働けるようにし、もっと継続して働いて貢献してほしいのに、帰国させなければならないのは理不尽で、コストの点でもマイナスだという思いが、経営者側にはあります。実際、上限なしの在留期間更新可能な「技術・人文知識・国際業務」資格の外国人については、一年、三年、五年といった在留期間が経過するとき、当人の希望と企業の意向によってたいてい更新の申請が出され、認められているのが実情です。「特定技能」労働者についても、そうであって不合理はないはずです。彼／彼女らに、技能向上に努めつつ働く意欲があるなら、定着してもらい、よい労働者に育てるという姿勢があってよいでしょう。

より平等な共生へ

外国人の定住化、さらには永住が進んでいるわけですが、ここで少し視点を変えると、平等な共生が実現しているわけではないという現実にぶつかります。働く条件に恵まれていない外国人で、滞在が一〇年を超えている者は少なくありません。「定住者」や「永住者」の在留資格を認められながら、間接雇用の派遣労働者だったり、直接雇用でも時給で働き、ボーナスもない非正規扱いである外国人もかなりいます。その地位や条件からして、昇進はないようです。まず重要なことは、彼／彼女らの就く雇用の改善、安定化であり、彼／彼女らの多くの希望は、「正社員になること」です。帰国を考えず、日本で働き、暮らし続けようとする以上、より安定した収入の基盤を持ちたい、安定した所属を持ちたいと願うのは当然でしょう。

これに対し、受け入れた企業は、そして日本社会は無為であってよいのでしょうか。非正規雇用から正規雇用への転換は容易ではないでしょうが、「働き方改革」によって定められ今後施行される法による、正規・非正規労働者間の不合理な待遇差(基本給や賞与など)の禁止は、外国人にも適用されます。企業にこの是正を避けるための不適切な行為がないかどうか、労働基準監督行政の厳しい監視があるべきです。ＮＰＯが日本語支援などを通して、外国人自身による企業への正規化の申し入れを支援したりする態勢もあってよいと思います。

家族と共に生活し、家族も自由に活動できること

定住者となった外国人が家族を呼び寄せ、共に暮らしたいと考えるのは自然であり、認められるべきです。「移民」「移民労働者」と呼ぶようになっているヨーロッパ諸国では、彼／彼女らが家族を呼び寄せて共に生きることを権利として認めています。家族が分離せず一体で生活することは基本的人権に属すると考えれば、当然のことであり、近年では、子どもの視点からも、これが認められるようになりました。日本も批准している「子どもの権利条約」では、「子どもが親から分離されない権利」(第九条)、さらには「家族の再統合(呼び寄せ)のための出入国の権利」(第一〇条)などが定められています。なお日本は、第九条と第一〇条について解釈宣言をしていて、入管法の範囲内のみでの適用としていますが、むしろ同条の趣旨にのっとり入管法の見直しこそがなされるべきでしょう。前記のように、技能実習生と今回受け入れが開始された特定技能一号労働者では不可としていますが、この例外は人権上、許されるのでしょうか。

ただし、呼び寄せを認めればそれでよいのかというと、そうではありません。呼び寄せられた

家族、具体的には配偶者と子どもは在留資格上、どんな活動ができるのか。どんな権利を持つのかという問題があります。子どもの教育を受ける権利は、認められていると言ってよいでしょう。しかし就労の権利となるとどうでしょうか。呼び寄せられた配偶者と子どもの在留資格は「家族滞在」となることが多く、その場合、扶養される被保護者の扱いを受けるので、原則として就労不可とされたり、一五歳以上になっても働けなかったりします。ただし、現在では週二八時間以内なら地方入管局の許可を得て就労できることになりましたが、これでは正規雇用に就けません。

定住し、共に生きていく人々ですから、外国人へのそのような権利の制限はなるべくなくし、日本人と平等に働けるようにすべきでしょう。少なくとも、配偶者は五年程度滞在が経過すれば、また未成年者は一五歳に達すれば、「家族滞在」から就労の可能な在留資格に切り換えられるようにするのは妥当な措置ではないでしょうか。

現在ヨーロッパの国々では、移民労働者の配偶者や、労働年齢に達した子どもに右のような就労制限をする例はほとんどありません。むしろ逆に、男女平等を重視し、移民女性の社会参加をうながすため、妻も職に就くことを奨励するという風潮さえあります。

日本生まれの子どもへの配慮

すでに一部触れましたが、外国人が家族と共に定住していくとき、子どもの地位と権利の問題は、もう少し突っ込んで検討する必要があります。日本で生まれた外国人の子どもは今後も増えていくと思われますが、特別な地位や権利は認められていません。欧米ではかなり多くの国が、

「出生地主義」(*jus soli*)の国籍法の原則を取り入れるようになり、当該国生まれの外国人の子どもの地位が変わりました。少なくとも成人に達したとき、自動的にその出生国の国籍が与えられるからであり、幼児の頃からその社会の成員として、将来の市民として扱われるのです。

日本生まれ、日本育ちの子どもというと、母国も知らない、母国の言葉を十分使えないという場合も大いにあるわけで、日本定住を望む場合も出てくるでしょう。このような外国人の子どもにどのように安定した地位を与えるか。出生地主義でなく、血統主義に拠る日本では、日本生まれの子でも一外国人として扱われるにとどまります。出生地主義の導入はただちには難しいとしても、せめて、日本生まれの外国人の子どもには、出生時から定住者的な在留資格を与え、いかなる場合にも国外退去の措置の対象にしないこと、とすべきでしょう。また、ある年齢になって帰国したが、未知である母国の文化や社会に適応するのに困難を感じたとき、日本に戻ってきて同じ在留資格に復することを権利として認めることはどうでしょうか。

多文化共生の社会へ

今後、いっそう多くの外国人が日本人と同様に社会の成員として生き、行動することになります。ある地域に居を定めれば、住民登録をし、住民となれば、納税の義務を負い、特定の年齢の子どもがいれば予防接種(少なくとも定期接種)を受けさせる義務を果たさなければなりません。他方、いろいろな権利も認められ、公的なサービスも受けられます。すでに述べたように、社会保障の権利などが重要です。日本人と平等に義務を負い、権利を享受すること、それに近い状態にある外国人は増えています。

しかし日本人／外国人の間に権利の差、すなわち差別を設けているものがまだまだあります。公務員や公立学校教員の職に就くには多くの制限があります。また民間人が就く職責である調停委員や民生委員にも、外国人はなれません。そして、市町村の住民で、定住という条件を満たしても外国人には市町村議会および首長の選挙権は認められていないことはすでに第4章で見た通りです。これらの差別に果たして合理的な根拠があるかは、法専門家のみならず、市民の目からも絶えず検討、再検討がなされるべきでしょう。

なお、仮に権利や義務の平等が実現しても、日本人／外国人の隔てのない共生が実現する十分条件とは言えません。それでは何が大事でしょうか。

一つには、個人的、社会的な支援あるいは配慮を行うことで実質的平等に近づけることが大事です。たとえば外国人の子どもに就学や受験の機会の平等が保障されても、高校進学を果たすのは容易ではなく、日本語支援、学習支援が行われ、入試においても言語的不利を軽減するポジティヴアクション（特別募集制度）が取られることが望まれます。事実、公立高校への外国人の特別募集制度は十数都府県で実施されています。その他さまざまな生活領域で支援が行われる必要があり、今日、行政、NPO、ボランティアなどによる支援は一定の成果を上げ、外国人の信頼感や連帯感を生んでいます。これは外国人を〝弱者〟とみなすことではなく、人が文化横断的に生きなければならないとき、誰もが出遭う困難を乗り越えられるように援けることは、ホスト社会の義務でもあります。

図表5　外国人の排除，差別のデマや街頭宣伝に接してどう感じたか（複数回答）

	実数	割合(%)
不快に感じた	1566	64.9
許せないと感じた	455	18.9
なぜそのようにするのか不思議に感じた	1136	47.1
日本で生活することに不安や恐怖を感じた	531	22.0
日本人や日本社会に対する見方が悪くなった	641	26.6
何も感じなかった	177	7.3
その他	246	10.2
無回答	54	2.2

出所：人権教育啓発推進センター（2017，p. 46）．

いま一つは、日本人の意識に関わることですが、近年、東アジアの日本と関わりの深い国々の出身者をターゲットに憎悪をぶつけるような言動が一部の日本人に見られ、これに同調する意見表明がネット等に登場しているのも、問題です（**コラム「ヘイトスピーチ解消法と解消されない差別」**参照）。多文化共生に影を落とす行為と言え、前記の「外国人住民調査」（人権教育啓発推進センター二〇一七）でも、これらの言動に直接・間接に接した外国人住民の回答は圧倒的にネガティヴなものでした（**図表5**）。こうした外国人排除の主張をする者が少数であることは知られていますが、その影響の広がりについては予断が許されません。二〇一六年、ヘイトスピーチ解消法が成立しましたが、こうした外国人差別の言動は、なくせばよいというだけでなく、どのような社会的背景と要因に根差すのか探っていかなければなりません。

地域の活性化の担い手に

多文化共生を進めるというとき、地域の視点も大事にしたいと思います。一般に外国人労働者が働き、生きる場と言えば都市部、それも大都市だと考えられているでしょう。諸外国でも、ロンドン、パリ、ベルリン、フランクフルトのような大都市、大都市圏がまさに外国人人口の集中の場になっています。またはウェストミッドランズ(イギリス)、ルール(ドイツ)、ローヌ・アルプ(フランス)のように雇用の集積している諸都市点在の工業ベルトも、多くの外国人を吸収しています。それに対し、地方小都市、農村部には外国人が少ないことは事実です。

日本でもほぼ同じで、ざっと試算すると、外国人の七五%は、東京を取り巻く首都圏、中京・東海圏、京阪神、福岡・北九州という四つの都市圏に住んでいます。外国人労働者の(大)都市集中を避けて、もっと地方でも働き手として貢献してほしいという声があり、政府も外国人労働者の地方定着の方法を模索しているようです。

事実としては、地方の中小都市に、工場進出によってまとまった雇用が生まれ、自治体も大いに環境(住宅、学校など)の整備に努め、外国人労働者とその家族の定着が起こる例はあります。たとえば、島根県出雲市では、M製作所のコンデンサー工場などの稼働により、数年で外国人が二〇〇〇人から四〇〇〇人へと倍増しました。ただし地方分散は、現行の技能実習制度を前提とすると、より最低賃金の低い地方での、職と地位の固定化となる恐れがあり、問題でしょう。

そうでなく、地方でその土地ならではの貴重な地場産業があって、それを守り、発展させるため、労働力不足や後継者難を克服したいという理由から、外国人労働者が歓迎されることはあるようです。実際、たとえば陶磁器、漆器、鉄器、家具、刃物の製造、林業、養殖業、酪農と結びついた乳製品製造等々の地場産業で、地域の活性化のために維持されなければならないもので、外国人の力を借りたいものは少なくないと言われます。働く外国人のアイディア等によって産業に新風が吹き込まれることもあるでしょう。
条件は、日本人と同等以上の待遇、技術・技能がきちんと教えられること、地域社会(市町村)自体が彼/彼女らに住みよい環境を保障し、住民にも、外国人を同じ仲間として接するよう啓発することではないでしょうか。そうした努力による多文化の地方活性化を実際に見たいものです。

コラム　国籍問題　外国人が日本の国籍を取得する行為(手続き)は「帰化」と呼ばれ、帰化を申請できる条件として、継続して五年以上の日本滞在、生計維持能力があることなどのほかに、原国籍離脱(現在の国籍を棄てること)があり、この条件のため、逡巡《しゅんじゅん》し、帰化の申請に踏み切れない外国人は多いようです。事実、帰化の総件数は年間一万三一五(二〇一七年)、九五五四(二〇一六年)などと、他の先進国に比べ低い数字にとどまっています。外国人が日本人と結婚し、日本国籍を望む場合でも、帰化の手続きが必要ですが、右の五年以上が、短縮されるなど条件が緩和されます(簡易帰化)。国際結婚から生まれた子どもの場合、両系主義の国籍法により、たいてい父母の国籍を継承しますが、二二歳に達するまでに一国籍を選択しなければならず(国籍法第一四条)、該当する個人はしばしば悩みます(ただし、選択をしない者に選択を促す法務大臣の催告が個人宛に送られた例はない)。国際結婚が非法律婚である場合、生まれた子どもは、父親の認知によって父国籍も継承できますが、認知がなされない場合も多く、母国籍のみを受け継ぐことになります。幼児が遺棄されていたり、産院に一人残される(産んだ親が姿を消してしまう)など、「日本生まれで、両親が共に知られない」場合、日本国籍が認められることになっていて(国籍法第二条)、出生地主義が適用される唯一のケースです。国籍法が、人権保障にも関わる立法である以上、重国籍を容認すること、当人が生まれ育った国で生き、市民となる権利を認めることは、今後の改定の課題となるべきでしょう。

コラム　難民　ある国に入国、または滞在する外国人で、難民の申し立てをする人々がいます。「難民」(refugee)とは、難民条約(日本も批准)では、①人種、宗教、国籍、特定の社会的集団の構成員、政治的意見を理由に迫害を受けているか、その恐れがあり、②国籍国の外にいて、③国籍国の保護を受けられないか、またはその保護を望まない人々、を指し、審査の上「難民」と認定されれば、その国で保護され滞在が認められます。人道的基準による受け入れですから、経済的必要による受け入れとは関係ありません。難民と認めるか否かの審査は人道的基準によるので、行政機関ではなく、独立性の強い第三者機関が行っている国が多いのですが、日本では法務省が行っています。

　難民受け入れが結果的に外国人労働者の受け入れになるという事実はあり、たとえば西ドイツでは、一九五〇年代まで、東ドイツなど東欧からの難民を多数受け入れ、その人々が経済復興を支える労働力となりました。統計で一般に難民受け入れ数と言われるのは、「難民申請者」(asylum seeker)の数で、そのうち難民に認定されるのは限られているというのが実際です。ただし、認定が却下されるとすぐに送還措置がとられるわけではなく、不服申し立ての道が開かれます。送還すれば処罰の恐れがあるとき、これを禁じる「不送還」(non refoulement)の原則が適用されることもあり、事実上の滞在が続き、滞在資格が認められることも少なくありません。こうして移民または移民労働者と合体していくのです。

　日本では、難民申請者数も年間一万―二万人程度で、たとえばドイツの数十分の一と少なく、難民認定数もさらに少なくなっています。認定を却下されると、不服申し立ては可能ですが、退去強制の行政措置が優先されやすく、裁判に訴えるケースもありますが、一般に滞在を続けるのは難しいです。

引用・参考文献

宮島喬他編、二〇一九『別冊環24 開かれた移民社会へ』藤原書店

梶田孝道・丹野清人・樋口直人、二〇〇五『顔の見えない定住化』名古屋大学出版会

国立社会保障・人口問題研究所、二〇一七『日本の将来推計人口 平成二九年推計』(http://www.ipss.go.jp/pp-zenkoku/j/zenkoku2017/pp29_ReportALL.pdf 二〇一九年八月二二日閲覧)

小﨑敏男・佐藤龍三郎編著、二〇一九『移民・外国人と日本社会』原書房

人権教育啓発推進センター、二〇一七『外国人住民調査報告書訂正版』(平成二八年度法務省委託調査研究事業)(http://www.moj.go.jp/content/001226182.pdf 二〇一九年八月二二日閲覧)

鈴木江理子、二〇〇九『日本で働く非正規滞在者』明石書店

鈴木江理子、二〇一八「日本における人口政策と移民/外国人」、移民政策学会編『移民政策のフロンティア』明石書店

鈴木江理子、二〇一九「移民/外国人受入れをめぐる自治体のジレンマ」前掲『別冊環24』所収

田中宏、二〇一三『在日外国人 第三版』岩波書店

宮島喬、二〇一四『外国人の子どもの教育』東京大学出版会

宮島喬、二〇一九「移民への言語教育を重視するヨーロッパ」前掲『別冊環24』所収

巻末資料　在留資格一覧

◆活動に基づく在留資格（別表1）

◇各在留資格に定められた範囲で就労可能

外交	（外国政府の大使，公使，総領事及びその家族）
公用	（外国政府の大使館・領事館の職員等及びその家族）
教授	（大学教授等）
芸術	（作曲家，画家，著述家等）
宗教	（外国の宗教団体から派遣される宣教師）
報道	（外国の報道関係の記者，カメラマン等）
高度専門職	（高度な専門能力をもつ者）
経営・管理	（外資系企業の経営者，管理者等）
法律・会計業務	（弁護士，公認会計士等）
医療	（医師，歯科医師，薬剤師，看護師等）
研究	（政府関係機関や企業等の研究者）
教育	（高等学校・中学校等の語学教師等）
技術・人文知識・国際業務	（機械工学等の技術者，通訳，デザイナー，企業の語学教師等）
企業内転勤	（外国の事業所からの転勤者で，技術・人文知識・国際業務を行う者）
介護	（介護福祉士の資格を有する介護士等）
興行	（俳優，歌手，ダンサー，プロスポーツ選手等）
技能	（外国料理の調理師，動物調教師，スポーツ指導者等）
特定技能	（建設業，介護業，外食業，農業など労働力不足の特定技能分野で働く労働者）
技能実習	（技能実習生）

◇原則就労不可

文化活動	（日本文化の研究者等）
短期滞在	（観光客，会議参加者等）
留学	（大学・短期大学・専修学校の専門課程等の学生，高等学校・専修学校の一般課程等の生徒，日本語学校の学生，小学校・中学校等の児童生徒）
研修	（研修生）
家族滞在	（上記教授から文化活動まで，及び留学の在留資格を有する外国人が扶養する配偶者・実子・特別養子）

◇法務大臣が個々の外国人に与える許可により就労可能

特定活動	（外交官や高度専門職等の家事使用人，ワーキングホリデー，医療滞在，国家戦略特区の家事労働者等）

◆身分または地位に基づく在留資格（別表2）

◇活動制限なし

永住者	（法務大臣から永住許可を受けた者）
日本人の配偶者等	（日本人の配偶者・実子・特別養子）
永住者の配偶者等	（特別永住者の配偶者，永住者の配偶者及び日本で出生し引き続き在留している実子）
定住者	（日系三世，インドシナ難民，条約難民等）

注：入管法上の地位ではないが，入管特例法に規定される「特別永住者」（旧植民地出身者とその子孫）という在留の資格がある．
出所：入管法より筆者作成．

宮島　喬
1940年生まれ．お茶の水女子大学名誉教授．専門は国際社会学．東京大学大学院社会学研究科博士課程中退．お茶の水女子大学教授，立教大学教授，法政大学教授を歴任．『多文化であることとは』(岩波書店，2014年)，『現代ヨーロッパと移民問題の原点』(明石書店，2016年)ほか．

鈴木江理子
1965年生まれ．国士舘大学文学部教授．専門は移民政策．一橋大学大学院社会学研究科博士後期課程修了．博士(社会学)．『日本で働く非正規滞在者』(明石書店，2009年)，『移民受入の国際社会学』(共著，名古屋大学出版会，2017年)ほか．

新版 外国人労働者受け入れを問う　　岩波ブックレット 1010

2019年10月4日　第1刷発行
2024年3月15日　第3刷発行

著　者　宮《みや》島《じま》　喬《たかし》　鈴《すず》木《き》江《え》理《り》子《こ》

発行者　坂本政謙

発行所　株式会社 岩波書店
〒101-8002 東京都千代田区一ツ橋 2-5-5
電話案内 03-5210-4000　営業部 03-5210-4111
https://www.iwanami.co.jp/booklet/

印刷・製本　法令印刷　　装丁　副田高行　　表紙イラスト　藤原ヒロコ

ISBN 978-4-00-271010-5　　Printed in Japan